일본의 걷고 싶은

일본의 걷고 싶은
길

1 홋카이도·혼슈

도보여행가 김남희가 반한

글·사진 김남희

미래인

일본의 걷고 싶은 길 1

1판 1쇄 발행 2010년 7월 5일
1판 6쇄 발행 2017년 6월 20일

지은이 김남희 | 펴낸이 박혜숙 | 펴낸곳 미래M&B
책임편집 황인석 | 디자인 이정하
전략기획 김민지 | 영업관리 장동환, 김하연
등록 1993년 1월 8일(제10-772호) | 주소 서울시 마포구 서교동 464-41 미진빌딩 2층
전화 (02) 562-1800(대표) | 팩스 (02) 562-1885(대표)
전자우편 mirae@miraemnb.com | 홈페이지 www.miraeinbooks.com

ISBN 978-89-8394-612-6 (13980)
ISBN 978-89-8394-611-9 (세트)

값 13,800원

* 잘못 만들어진 책은 구입처에서 바꾸어 드립니다.
* 미래인은 미래M&B가 만든 단행본 브랜드입니다.

삶이란 절제에 의해 얻어지는 것이 아니다.
모험에 의해 얻어지는 것이다.
—노엘 베스페르

· · · Prologue

사람이 나를 이 땅으로 이끌었다

일본에 대한 내 관심도 최초의 동기는 사람이었다. 세계 일주 중에 만난 일본인 친구들. 베트남에서, 레바논에서, 탄자니아의 싸구려 숙소에서 허름한 입성의 그들과 마주칠 때마다 궁금증이 커졌다. 이토록 조용하고, 예의 바르고, 남에게 폐 끼치기 싫어하는 사람들이라니. 한국인인 내가 품고 있던 일본의 이미지와는 달라도 너무 달랐다. 내가 아는 일본과 모르는 일본, 그 간극에 대한 호기심이 나를 일본으로 이끌었다.

지난 2년 동안 일본을 아홉 번 드나들었다. 홋카이도에서 오키나와까지 일본의 곳곳을 돌아다닌 시간을 모두 합치면 6개월에 이른다. 그동안 한국의 친구들에게는 일본에 숨겨둔 애인이 있는 게 틀림없다는 의심을 받았고, 일본의 친구들에게는 친일파가 되었다는 놀림을 받았다. 중남미를 여행하기 위해 애써 배워온 스페인어가 까맣게 지워지고 그 빈자리를 일본어가 채워갔다.

두 권으로 나뉜 이 여행기의 첫 권은 일본 최북단의 섬 홋카이도와 가장 큰 섬 혼슈를 찾아간 이야기다. 하지만 삿포로나 도쿄, 오사카 같은 대도시는 등장하지 않는다. 잘 알려진 곳보다는 덜 알려진 곳들을 찾고 싶었고, 도시보다는 자연과 전통이 살아 있는 곳을 소개하고 싶었기 때문이다.

일본에서 내가 가장 끌렸던 섬은 홋카이도다. 눈의 나라 홋카이도가 아닌

꽃의 나라 홋카이도. 길에서 여우나 사슴과 눈이 맞고, '곰 조심'이 일상인 그곳. 수십 킬로미터를 달려도 전선줄 하나 보이지 않던 시레토코의 그 끝없는 원시림은 바라보기만 해도 초록 물이 들 것 같은 푸르름이었다. 겨울에 쌓인 눈 위로 여름 꽃이 흐드러지게 피어난 활화산 다이세쓰 산의 풍경도 신비로웠다. 봄이 오면 섬 전체가 천상의 화원으로 변하는 레분토는 혼자 걷기 아까울 만큼 마음을 흔들었다. 홋카이도의 여름은 몇 번이고 다시 돌아가고픈 풍경들을 내게 선물했다.

풍경의 다채로움과 장대함에서라면 혼슈를 따를 곳이 없다. 일본알프스라 불리는 3000미터급 산악지대 다테야마의 장쾌한 산들, 도쿄에서 지척인 닛코 국립공원의 호수와 산들도 마음을 사로잡았다. 교토와 도쿄를 이어주던 옛길 나카센도의 역참 마을 쓰마고와 마고메를 처음 본 순간의 가슴 떨림이란. 이렇게 고풍스런 마을이 아직까지 남아 있다니, 한숨이 나올 정도였다. 무엇보다 교토. 그곳을 가보지 않고는 일본을 말할 수 없으리라. 가을과 겨울의 교토를 거쳐 봄의 교토까지 나는 틈만 나면 교토로 날아갔다. 몇 번을 만나도 교토는 늘 새로운 얼굴이었고, 가도 가도 그립기만 했다.

비극적인 과거로 인해 여전히 관계가 껄끄러운 나라였기에 내 안의 선입견을 벗어나 일본을 있는 그대로 보게 되기까지는 시간이 필요했다. 게다가 일본을 여행한다는 건 진한 화장을 한 게이샤의 무표정한 얼굴 너머를 들여다보려는 일 같았다. 몸에 밴 친절과 예의 속에 감춰진 진심을 들여다보고픈 갈망. 그런 내 시도는 때로는 성공했고, 때로는 실패했다.

  길 위에서 만난 일본은 매혹적이었다. 사람들은 상냥했고, 음식은 담백했고, 시골 마을 구석구석에 전통문화가 살아 있었다. 무엇보다 놀랍도록 잘 보존된 자연 환경이 부러웠다. 여행을 할수록 나는 이 나라가 좋아졌다. 가까이에 이토록 사랑스러운 이웃이 있다니, 이토록 거대한 자연이 남아 있다니……. 게다가 일본은 익명의 여행자로 머물고 싶다는 욕망도, 이방인으로서 눈길을 받고 싶다는 욕망도 충족할 수 있는 곳이었다. 여행과 일상, 익숙한 것과 낯선 것 사이를 자유롭게 오갈 수 있다는 점은 여행지로서 일본이 지닌 미덕이었다.

  처음 여행을 시작했을 때만 해도 일본어는 한마디도 하지 못했고, 일본에 대해 아는 건 기모노와 벚꽃과 후지산 정도였다. 인도를 6년간 여행할 수 있는 돈을 탕진한 6개월의 여행이 끝난 후 텅 빈 통장 말고 내게 남겨진 것은 뭐였을까. 역설적이게도 내 나라에 대한 관심이다. 일본 친구들이 좋아하는 백자와 청자에 대해, 일본의 원류가 된 한국의 고대사에 대해 알고 싶다는 욕망이 자라났다. 일본의 현재를 알면 한국의 미래를 볼 수 있다는 것도 알게 되었다. 우리는 너무나 닮았고, 닮은 만큼 다르기도 했다. 그 다름을 서로 인정하고, 자꾸 만나 속내를 조금씩 털어놓다 보면 더 나은 미래가 만들어지지 않을까. 그런 의미에서 나의 일본 여행은 아직 끝나지 않았다. 이 나라에 대한 내 사랑과 관심은 이제부터 시작이다. 좀체 속내를 드러내지 않는 이웃과 진정한 친구가 되는 그날까지.

  늘 그랬듯이 길 위에서 귀한 인연을 많이도 만났다. 언제나 다정한 오사카의 일본인 부모님, 평생토록 가까이 모시고 싶은 스승 신이치 선생님 가족, 나보다 한국을 더 사랑하는 요코 언니 부부, 내 오랜 친구 마미코와 켄, 새벽의 계단 콘서트를 열어준 가케이 군, 열흘이나 나를 먹이고 재워준 테리와 마유미의 따뜻한 마음이 없었다면 여행은 무척 쓸쓸했으리라.

2010년 6월

• • • Contents

Prologue 사람이 나를 이 땅으로 이끌었다 • • • 006

홋카이도 여름

고운 님 앞세우고 말없이 걷고 싶은 꽃길
레분토 • • • 015

호기롭게 시작한 야영은 하룻밤 소동으로 끝나고
리시리토 • • • 027

불곰을 기다리며 울창한 원시림을 거닐다
시레토코 • • • 037

아쉽게 놓쳐버린 일본 최대의 습지 산책
구시로 습원 • • • 057

겨울눈 위로 여름꽃 피어나는 홋카이도의 지붕
다이세쓰잔 • • • 065

사람과 자연이 함께 만든 거대한 조각보
후라노와 비에이 • • • 077

혼슈 가을

이글거리는 분화구와 깎아지른 절벽의 야성적 매력
북알프스 다테야마 • • • 093

우연히 만나 사랑에 빠진 도시
마쓰모토 • • • 115

에도 시대 나그네가 되어 찾아간 역참 마을
쓰마고와 마고메 • • • 129

 **혼슈** 늦가을

눈 내리는 새벽길을 지나 가을의 절정 속으로
닛코 센조가하라 ••• 147

긴긴 기다림 끝에 벼락처럼 나타난 후지산
하코네 묘진가타케와 미쓰토게야마 ••• 157

고요한 가을빛처럼 이 땅에 평화가 내려앉기를
히로시마 산단쿄 ••• 165

단풍과 함께 타들어가는 절간의 오후
교토 다이몬지 산 ••• 175

 **혼슈** 겨울에서 봄으로

가도 가도 그리운 옛 도읍
교토 아타고 산과 아라시야마 ••• 187

첨단 기술과 미신이 공존하는 수수께끼의 나라
교토 구라마와 기부네, 히가시야마 ••• 209

경주를 닮은 옛 수도
나라 공원과 도다이지 ••• 227

벗들과 함께한 문화유산 답사
가마쿠라 덴엔 하이킹과 다이부쓰 하이킹 ••• 241

짧지만 강렬하게 벚꽃처럼 피고 싶어라
교토 오하라와 기누카케노미치 ••• 267

부록 ••• 284

홋카이도 北海道

여름

산길 걷다가 나도 몰래 끌렸네,
제비꽃이여 ㅡ 바쇼

山路來て何やらゆかしすみれ草

고운 님 앞세우고 말없이 걷고 싶은 꽃길
레분토

　　　　　　　　흰 몸피를 두른 자작나무들이 스쳐 지나
간다. 초록의 숲 사이로 빗금처럼 드러나는 자작나무들의 희고 곧은 몸
은 누군가 물감을 풀어 붓질이라도 한 듯 경쾌하다. 가도 가도 푸른 숲.
산허리를 휘감은 구름 아래 벌판에는 이름 모를 꽃들이 하늘거린다. 마
을은 어쩌다 한 번씩 존재를 드러낼 뿐 끝없이 이어지는 초록의 들판과
숲. 눈과 마음을 모두 앗아가는 풍경이다.
　일본의 최북단 기차역 왓카나이에 내리니 오후 여섯시. 7월에 들어섰
는데도 오싹할 정도로 공기가 차다. 예약해놓은 유스호스텔은 역에서
도보 15분 거리. 지도를 들여다본다. 나에게 지도는 아랍어로 쓰인 연
애편지 같은 것이다. 매혹적이지만 읽을 수 없어 절망적인. 결국 지도
를 접고 타인의 도움을 요청한다. 기차역으로 아내를 마중 나온 할아버
지 차를 얻어 타고 숙소로 간다.
　언덕 위에 자리 잡은 유스호스텔은 컨테이너 하우스를 연상시킬 만
큼 삭막하고 낡았지만 내부는 깔끔하다. 이 정도로 오래된 숙소가 다른

나라에 있었다면 이미 쓰레기처리장 같았을 텐데…….

저녁 식사 후, 장작을 지핀 난로 곁에서 책을 읽으며 녹차를 마신다. 식당에서 손님들과 약주를 즐기던 주인아저씨가 나를 부른다.

"한국에서 온 아가씨, 일본 소주 한 잔 어때요?"

모처럼의 초대를 거절할 마음은 없다. 자동차로 여행 중인 일본인 부부 두 쌍과 인사를 나눈다. 화제는 역시 만만한 한국 드라마. 두 부부는 드라마 〈대장금〉을 두 번씩이나 봤단다. 이제 나의 일본어는 언어장애 수준을 겨우 면했다. 일본 집권당의 복지정책이나 동아시아 정책을 비판하는 대화야 불가능하지만 드라마를 주제로 한 가벼운 화제 정도는 다룰 수 있다는 게 스스로도 놀랍다. 가볍게 이야기를 나누다 내 방으로 돌아왔다.

7월의 상춘객, 꽃에 취해 걷다

눈을 뜨니 사위가 환하다. 시계를 보니 새벽 세시 반. 일본의 최북단인 이곳에는 아침도 빨리 찾아오나 보다. 여섯시 이십분 첫 배에 오른다. 두 시간 후, 배는 레분토礼文島 섬의 가후카 항구에 닻을 내린다. 숙소에 짐을 던져놓고 바로 트레킹 코스로 이동한다.

레분토. 리시리레분사로베쓰利尻礼文サロベツ 국립공원의 일부로 동서로 8킬로미터, 남북으로 29킬로미터인 작은 섬. 가늘고 긴 집게 모양 혹은 뒷다리가 나온 올챙이의 모습 같기도 하다. 해발고도 490미터의 레분 산을 정점으로 동쪽으로는 완만한 해변이, 서쪽으로는 절벽이 늘어섰다. 길고 혹독한 겨울의 강한 계절풍이 만들어낸 해식 절벽 위로는 눈조차 쌓이지 않는다. 눈이 비껴간 절벽 위 비탈은 초원으로 남았다. 늦은 봄이 찾아온 5월 중순이면 초원은 빛깔 고운 옷으로 갈아입는

천상의 화원으로 가는 계단, 바다가 따라온다.

다. 봄을 알리는 전령사 앉은부채와 복수초를 시작으로 바람꽃, 설앵초, 개불알꽃이 다투듯 피어난다. 햇살이 따스해지는 6월이 되면 금매화와 솜다리, 매발톱꽃과 원추리, 흰털쥐손이풀 들이 경쟁하듯 섬을 뒤덮는다. 그래서 이 섬의 애칭은 '꽃의 부도(浮島)'. 긴 겨울 내내 고요한 잠에 빠져 있던 섬이 깨어나 생기를 되찾을 무렵, 일본 열도 곳곳에서는 배낭 꾸리고 신발끈 묶는 여행자들의 채비가 부산하다. 다른 섬에서는 이미 끝나버린 봄을 다시 맞기 위해, 져버린 꽃향기에 한 번 더 취하기 위해 달려오는 욕심 많은 상춘객들이다. 나 또한 그 꽃길을 걷기 위해 이곳까지 찾아왔다. 7월 초의 늦은 상춘객이 되어.

레분토를 대표하는 꽃길의 이름은 건조함 그 자체다. '네 시간 코스'와 '여덟 시간 코스'라니. 이름 그대로 걸어서 네 시간, 여덟 시간이 걸리는 두 개의 길이다. 두 길의 출발점은 같다. 오호츠크 해를 바라보는

꽃에 취해 걸어가는 길. 상춘객들의 발걸음은 느릿느릿 여유롭기만 하다.

섬의 최북단 스코톤 곶. 빈약한 상상력이 아쉬운 이름과 달리 길은 초입부터 몽롱하도록 자극적이다. 안개를 몰고 온 가는 빗줄기 사이로 바다가 숨바꼭질하듯 나타난다. 좁고 오롯한 흙길은 등줄기를 곧추 폈다 굽혔다 주저앉았다 일어서기를 반복한다.

봄비에 젖은 흙길은 그 부드러운 촉감이 사뭇 관능적이다. 발가락이 기분 좋게 꿈틀거린다. 정현종 시인의 시구절처럼 "한 숟가락 흙 속에 미생물이 1억 5천만 마리…… 흙길을 갈 때 발바닥에 기막히게 오는 그 탄력이 실은 수십억 마리의 미생물이 밀어 올리는 바로 그 힘"인 걸까. 덕분에 걸음이 사뿐하다. 길섶에는 꽃들이 하늘거린다. 멀리서도 눈에 띄는 각시원추리와 나리꽃, 금매화, 신부의 볼연지 같은 해당화, 바위 틈에 솜다리, 연분홍 붓솔 같은 범꼬리, 보라색 매발톱꽃, 흰털쥐손이풀, 그리고 아직 내가 이름을 불러주지 못하는 수많은 꽃들.

레분토는 한랭한 기후 조건에서 섬이 생겨난 이후 지리적으로 고립되었기 때문에 난지 식물의 침입을 받지 않았다. 그래서 한지 식물이 고스란히 살아남았고, 해발 0미터부터 고산 식물이 출현한다. 개불알꽃의 변종인 레분아쓰모리소의 군락지로 유명한 '네 시간 코스'는 그 꽃이 피어나는 6월 중순이 가장 붐빈다. 개불알꽃이 진 7월 초의 레분토는 그리 붐비지도, 텅 비지도 않아 걷기에 넉넉하다.

낮은 집들이 어깨를 기댄 정겨운 마을길과 수직낙하의 유혹이 아찔한 절벽길 사이로 꽃길은 끝없이 이어진다. 스코톤 곶에서 시작한 길은 고로타 곶을 지나 해변의 작은 마을 고로타로 향한다. 고향을 떠나지 못한 늙은 아버지의 그물이 말라가는 마을 너머 게으르게 늘어진 바다가 몸을 뒤척인다. 오호츠크 해의 푸른 물결 너머 붉은 등대가 바닷길을 밝히고, 뭍의 길은 다시 언덕을 넘어 스카이 곶으로 이어진다. 구멍

가게와 공중 화장실이 있는 작은 마을 니시우에도마리에서 길이 갈라진다. 도로를 따라 걸어가면 네 시간 코스가 끝나는 하마나카 버스 정거장. 차가 다닐 수 없는 흙길을 따라가면 여덟 시간 코스.

곧 어두워질 거라는 걸 알면서도 발길을 돌리지 못해 여덟 시간 코스로 들어선다. 이곳부터는 스코틀랜드의 하일랜드를 떠올리게 하는 완만한 구릉이 펼쳐진다. 멀리 바다가 흘깃 얼굴을 드러낸다. 풍경에 취해 걸음은 절로 느려진다. 도대체 누가 이런 길을 만들었을까? 바람에 몸을 내맡긴 꽃들과 꼭 한 사람이 걸어갈 만한 흙길, 엎어놓은 조선 막사발 같은 구릉 너머 가없는 바다. 팔 벌리고 바닷바람 맞으며 꽃들 사이를 걷다 보니 몸이 절로 둥실거릴 것만 같다. 고운 님 앞세우고 말없이 걷고 싶은 길, 세상의 일 따위야 까맣게 잊어버린 채 머물고만 싶은 길이다. 길의 끝까지 가고 싶지만 이미 해가 설핏하여 발길을 돌린다. 못 다 걸은 길은 다음을 위해 남겨두고.

비밀의 화원을 찾아

옆방 남자의 길고 소란한 전화 통화 덕분에 새벽까지 잠을 설쳤다. 정말이지 일본에서 겪기 힘든 '민폐'였다. 벽이 종잇장처럼 얇은 시골 여관에서도 옆방의 소리가 넘어오지 않는 일본 문화에 늘 감탄했는데 이곳에도 다양한 인간이 살고 있음을 확인했다.

같은 민박집에 머문 간호사 히토미, 사회복지사 후미와 함께 주인아저씨의 차에 오른다. 섬 남쪽의 가후카 항구에 잠시 들러 짐 보관함에 배낭을 넣어두고 남서쪽의 시레토코로 이동. 세 시간짜리 모모이와 트레킹 코스로 향한다.

오늘은 어제보다 날씨가 더 나쁘다. 안개가 끝없이 밀려와 풍경을 감추고 있다. 고양이의 뒷모습을 닮은 네코이와(猫岩) 바위도, 복숭아를 꼭 닮은 모모이와(桃岩) 바위도 안개 뒤로 숨었다. 그래도 안개가 잠깐 물러갈 때 슬쩍 드러나는 길과 바다와 꽃들의 풍경은 환상적이다. 모모이와 전망대를 지나 모토치 등대로 가는 길에 무리 지어 핀 꽃들이 발길을 붙잡는다. 바람 불고 비 내리고 안개가 몰려와도 봄은 봄이다. 천지 사방에 저토록 환한 꽃들을 피워냈으니.

우리는 숙소에서 만난 아주머니가 알려준 길을 찾기 위해 주위를 꼼꼼히 살핀다. 줄이 쳐진 곳에서 왼쪽으로 꺾으라고 했는데……. 히토미가 "아, 여기 같아"라며 소리를 지른다. 웃자란 풀에 뒤덮여 주의 깊게 살피지 않으면 보이지 않는 길이다. 비좁은 길로 들어서니 비밀의 화원이 기다리고 있다. 누가 숨겨놓은 걸까. 드넓은 고원에 산오이풀과 분홍색 꽃들이 바람에 흔들리고 있다. 절벽 아래에는 애써 몸을 일으켜 꽃들을 기웃거리는 파도. 우리는 멈춰 서서 오래오래 꽃들과 눈을 맞추었다.

두 시간 후 처음 출발했던 자리로 돌아와 에델바이스 군락지로 향한다. 솜털처럼 나부끼는 에델바이스들을 만나고 지름길로 접어들어 한 시간 남짓 걸으니 가후카 항구. 떨어지지 않는 발걸음을 억지로 떼어놓는다. 이 아쉬움이 남아 있는 한 언젠가 다시 돌아올 수 있겠지. 그때는 꼭 여덟 시간 코스를 걷고, 레분 산에도 오르리라. 다시 돌아온 그날은 눈 밝은 이와 함께여서 비밀의 화원으로 그를 데리고 갈 수 있다면.

비밀의 화원에서 꽃처럼 환하게 웃고 있는 히토미와 후미

꽃들의 이름을 부르며 걸어가는 길, 몸과 마음이 둥실 떠오를 것만 같다.

비 그친 달밤 누가 밤낚실 하나, 하얀 정강이 －부손

雨後の月誰そや夜ぶりの脛白き

호기롭게 시작한 야영은 하룻밤 소동으로 끝나고
리시리토

리시리토 |利尻島| 섬 오시도마리 항구에 들어서니 거짓말처럼 날이 개었다. 두 시간 거리인 레분토의 궂은 날씨가 믿기지 않는다. 그래도 리시리 산의 정상은 구름에 가려 보이지 않는다. 솟구친 모양이 후지산과 닮아 '작은 후지산'으로 불리는 리시리 산. 해발고도 1721미터로 그리 높지는 않지만 일본의 100대 명산에 당당히 올라 있다. 홋카이도의 관광 엽서마다 빠짐없이 등장하는 이 산은 생김새가 꽤나 역동적이다. 이틀간 리시리토에 머물며 저 산을 오를 예정이다. 끙끙거리며 여기까지 끌고 온 무거운 배낭, 그 속에 든 침낭과 텐트, 야영 도구의 성능을 실험하면서…….

등산로 입구의 호쿠로쿠 야영장은 울창한 삼나무 숲에 둘러싸여 아늑하다. 왠지 안심이 된다. 오늘은 일단 현지 적응 차원에서 방갈로에서 머물기로 한다. 아직 혼자서 텐트를 치고 잘 용기가 나지 않으니. 작은 통나무 방갈로는 침상 네 개가 전부지만, 전기가 들어오고 깨끗한 침구와 담요가 제공된다. 짐을 들여놓고, 몸도 풀 겸 폰 산으로 향한다.

아이누어로 작다는 뜻의 '폰'은 폭발한 화구의 자취라고 한다. 야영장에서 시작된 서늘한 숲길을 30분 남짓 걸으니 벌써 정상이다. 낮은 산이라 그런지 정상의 전망은 특별한 게 없다. 바다와 리시리 산이 보인다는 걸 빼고는. 기분 좋게 한 시간 남짓 걷고 돌아와 이곳에서 30분 정도 걸리는 온천으로 향한다.

평일 오후라 온천은 호젓하다. 노천탕 주변의 소나무를 흔드는 바람 소리에 귀를 씻는다. 목욕을 마치고 돌아오는 길, 바람이 젖은 머리를 말려준다. 어느새 해가 설핏해지고, 서편 하늘에는 붉은 기운이 번진다. 초여름의 서늘한 바람이 온몸을 어루만지며 지나간다. 몸도, 마음도 가볍고 상쾌하다.

버너에 밥을 지어 된장국과 함께 저녁을 먹는다. 이로써 또 하나의 첫 경험이 생겨났다. 야영장 방갈로에서 혼자 밥해 먹기. 그사이, 옆 방갈로에도 사람이 들었다. 누군가 뒤척이는 소리가 반갑다.

새벽 네시. 알람이 울린다. 수프 두 개를 끓여 먹고 산장을 나선다. 입산 신고서를 작성해 야영장 사무실 상자에 넣고, 리시리 산으로 향한다. 왕복 17킬로미터에 여덟 시간이 걸리는 제법 긴 산행의 시작이다. 야영장에서 10분 남짓한 곳에 있는 샘 간로센스이│甘露泉水│에서 물병에 물을 받는다. 일본의 약수 100선에 뽑힌 물인데 이곳이 마지막 샘터다. 가문비나무와 사스레나무로 빽빽한 숲길을 한 시간 남짓 걸으니 5고메(슴目, 고갯마루). 이제야 시야가 뚫린다. 멀리 바다가 보인다. 자작나무 숲 사이로 자갈길이 시작되더니 슬슬 길이 험해진다. 길섶의 바람꽃들이 바람에 몸을 섞고 있다. 6고메를 지나 한 시간 남짓 걸으니 전망이 확 트인 바위언덕이 나온다. 바다 건너 레분토가 보인다. 이곳에서 다

8고메에서 바라보는 리시리 산의 정상

시 시작되는 오르막은 양쪽으로 나무가 가려 시야가 막힌 데다 꽤 가파르다. 눈잣나무 숲을 빠져나와 8고메에 들어서니 눈앞에 리시리 산의 정상이 보인다. 초록색 능선 사이 잔설이 남아 희끗희끗하다. 8고메의 해발고도가 1218미터니 이제 500미터 남짓 남았다.

9고메에서 정상까지의 길은 최악이다. 바위와 자갈이 가득한 급경사. 길은 미끄럽고 발목은 쏠리는데, 바람은 거세게 불어오고 안개까지 몰려온다. 네 시간을 쉬지 않고 걸어 정상에 도착했지만 한치 앞도 보이지 않는다. 작은 신사가 정상임을 알려줄 뿐. 아, 서운하다. 날씨만 좋으면 이곳에서 리시리 섬 전체가 파노라마로 펼쳐지고 왓카나이 해안과 레분토 섬, 사할린까지 눈에 들어온다는데…….

날씨가 더 나빠질까 봐 서둘러 하산을 시작한다. 쉬지 않고 내려왔는

후지산을 닮았다고 '리틀 후지산'으로 불리는 리시리 산

데도 꼬박 세 시간이 걸렸다. 야영장에 도착해 텐트를 친다. 가장 치기 쉬운 1인용 텐트를 골라 선배가 시범까지 보여주었는데도 혼자 하려니 뜻대로 되지 않는다. 앞으로 산에서 매일 이걸 쳤다 걷었다 할 일을 생각하니 앞이 캄캄하다. 옆 텐트 아저씨의 도움을 받아 겨우 치긴 했는데 이렇게 강한 바람에 무사할까. 비가 쏟아지면 어떡하지? 추위는 어찌해야 하나? 내 염세주의가 다시 발동을 건다. 방갈로로 옮기고 싶은 마음이 굴뚝같지만 일단 하루만 지내보기로 마음을 먹는다.

거센 바람이 텐트를 흔들고 지나간다. 좁은 텐트 안에 홀로 누워 바람 소리를 듣고 있으려니, 여기가 세계의 끝인 것만 같다. 책을 밀어놓고 뒤척이며 앞으로의 일정을 생각해본다.

결국 결단을 내렸다. 이 장비를 다 지고 4박 5일 동안 야영하려던 계획을 포기하기로. 돌이켜보니 산에 꽤 다니긴 했지만 야영 장비를 지고 혼자 간 적은 한 번도 없다. 늙고(?) 소심한 내게는 무리가 아닐까. 하룻밤의 경험으로 만족하자. 아, 결단을 내리고 나니 마음이 깃털처럼 가벼워진다. 이 얼마나 어설픈 여행가인가.

여름 우체국 앞에서

방갈로에서보다 더 잘 잤다. 의외로 텐트 체질인 걸까? 아침밥을 지어 먹고 야영장을 빠져나온다.

바닷가 언덕 위에서 우체국 문이 열리기를 기다리고 있으려니, 우편배달부가 등장했던 영화들이 차례로 떠오른다. 네루다의 전속 우편 배달부 이야기를 그린 영화 〈일 포스티노〉. 시인이 된 우편 배달부가 네루다를 위해 파도 소리를 녹음하는 장면에서 나는 얼마나 울었던가. 일본 영화도 몇 편 생각난다. 다케우치 유코가 비의 계절에 돌아오는 엄마로 등장하는 〈지금 만나러 갑니다〉와 아오이 유우가 엄마의 편지를 기다리는 섬 소녀로 나오는 〈니라이카나이로부터의 편지〉. 브라질 영화 〈중앙역〉은 우체국은 아니지만 편지를 대필해주며 살아가는 여성이 주인공이었지.

나는 우체국을 사랑한다. 지상에 우체국만큼 마음을 흔드는 곳이 있을까. 길을 걷다가 우체국을 만나면 내 마음은 출렁인다. 그 우체국이 인적 드문 시골 언덕배기나 바닷가 작은 마을에 있다면, 안으로 성큼 들어서고픈 욕망을 이기지 못한다. 우체국 탁자에 기대어 선 채로 엽서 한 장을 써서 부치고 돌아서기를 몇 번. 이제는 "부치지 못한 편지를 가슴속 호주머니에 넣어두는 날"이 더 많은 나이가 되었지만, 여전히 우체국은 내 발길을 오래오래 멈추게 하는 곳이다. 우체국은 고향을 떠나 부유하는 이와 남아 있는 이를 이어주는 가늘고 질긴 끈이 아닐까. 우체국에서 우리는 그립고 슬픈 사연들, 삶의 생채기와 기쁨을 실어 보낸다. 우체국은 기다림을 사고파는 곳이다. 몇백 킬로미터의 거리를 가볍게 넘어서는 전자우편과 휴대전화 덕분에 우리는 기다림이 없는 세계에 살게 되었다. 문명의 도구들은 우리 삶의 은유와 낭만을 앗아갔다. 사람과 사람 사이에는 기다림이 조금쯤 깃들어도 좋지 않을까. 내게도 〈가을 우체국 앞에서〉를 흥얼거리며 중앙우체국 앞에서 사랑하는 남자를 기다리던 가을이 있었다. 세월이 흐르고 그사이 몇 번의 사랑이 지나갔지만 우체국 앞에서 한 남자를 기다리던 그 시간만큼은 그립고 그리운 추억으로 오롯이 살아 있다. 일본 최북단 작은 섬의 바닷가 우체국 문이 열리기를 기다리는 지금, 나는 하기와라 사쿠타로의 서글픈 시 〈우체국 창구에서〉를 읊어본다. "우체국 창구에서/난 고향에 보내는 편지를 썼다/까마귀처럼 영락해서/구두도 운명도 닳아 떨어졌다……."

하지만 오늘 나는 다정하거나 서글픈 사연을 부치기 위해 우체국에 온 게 아니다. 텐트며 야영 장비를 몽땅 서울로 보내러 왔다. 엄청난 소포비를 지불하고 짐을 부친다. 몇 년 전의 나였다면 배송료가 아까워서라도 어깨가 부서져라 쓸모없는 짐을 끌고 다녔으리라. 하지만 이제 인생 후반전에 접어든 내 몸은 가끔 돈으로 살 수 있는 편안함을 갈망한다. 나이가 든다는 것은 몸의 보수화를 뜻하는 걸까. 그 몸의 보수화가 결국은 정신의 보수화로 이어지겠지. 정신만큼은 진보의 끄트머리에라도 매달려 있고 싶은데……

우체국에 배낭을 맡겨놓고 항구 근처 전망대에 오른다. 바다를 향해 불쑥 몸을 내민 절벽 전망대. 바다와 산과 마을이 한눈에 들어오면서 가슴이 뻥 뚫리는 듯하다. 오늘은 리시리 산도 그 자태를 말끔히 드러내고 있다. 오늘 저 산에 오른 사람들은 어제의 나와는 다른 풍경을 보고 있겠지.

바다의 물빛이 형언할 수 없이 곱다. 초여름 햇살에 바싹 마른 풀들의 향긋한 내음. 바다에서 불어와 산으로 가는 서늘한 바람. 어제 리시리 산을 오를 때 앞서거니 뒤서거니 하며 걸었던 여성을 이곳에서 다시 만났다. 히로시마에서 왔단다. 이렇게 짧은 만남에도 사람의 소중함과 다정함을 느끼게 되는 것 역시 여행이 주는 선물이다.

역으로 가는 길, 히치하이킹을 시도하는 젊은 여행자와 마주쳤다. 배낭에 매달린 이불 한 채만 한 침낭이 그의 가난한 젊음을 말하는 것 같다. 작정하고 떠난 여행인 듯 목적지를 알리는 종이의 글씨도 또렷하게 명암까지 줘가며 제대로 썼다. 괜히 반가운 마음에 "Good luck!"이라

초여름 햇살에 빛나는 바다의 물빛이 곱다.

고 소리쳤다. 어리둥절한 표정으로 고개를 끄덕이는 청년의 반응이 썰렁하다.

아사히카와旭川로 가기 위해 기차에 오른다. 그곳에서 하룻밤을 보내고 내일 시레토코로 갈 예정이다. 기차를 타면 마음이 포근해진다. 바퀴가 선로의 침목 위를 굴러가며 만들어내는 덜커덩 소리와 가벼운 흔들림. 왜건을 끌고 지나가는 승무원. 창밖으로는 분홍빛으로 곱게 물든 저녁 하늘이 달려간다. 앞자리 청년은 전자오락 삼매경에, 뒷자리 아줌마는 다리를 앞 좌석에 걸쳐놓고 혼곤한 잠에 빠져 있다. 왼쪽에는 월간지를 뒤적이는 양복 입은 청년. 하나둘 불빛이 들어오고, 하늘은 짙푸르게 어두워지는 시간. 쓰지 아야노의 노래를 듣다가 고개를 드니 창밖엔 보름달. 내 마음도 덜커덩 흔들린다.

고요함이여 바위에 스며드는
매미의 울음 ─ 바쇼

靜かさや岩にしみ入る蟬の聲

불곰을 기다리며 울창한 원시림을 거닐다
시레토코

오늘은 홋카이도의 북동쪽 끝에 돌출한 반도 시레토코(知床)로 간다. 먼 옛날 이 땅의 주인이었던 아이누인들의 언어로 '땅이 끝나는 곳'을 뜻하는 시레토코(레분토의 시레토코와는 다른 곳이다). 인간의 발길을 허락하지 않는 가파른 절벽이 늘어선 해안과 사람의 손을 타지 않은 원시림 속에 야생의 동물들이 살고 있는 땅. 혹독한 기후와 험한 지형, 풍요로운 숲과 바다가 어우러진 땅끝마을로 가는 길. 새벽 기차에 오르니 한 량짜리 기차에 승객은 꼭 열 명. 창밖으로 펼쳐지는 꽃 핀 들판의 풍경에서 눈을 뗄 수가 없다.

시레토코 샤리 역을 나오니 바로 왼편이 버스터미널이다. 시레토코 고코(五湖) 행 첫 버스에 오른다. 가슴이 싸해지도록 푸른 초록빛 벌판을 달린다. 눈 쌓인 산들을 배경으로 감자꽃 핀 들판이 이어지더니 곧 인가가 끝나고 숲으로 들어선다. 전선도, 건물도 보이지 않고 끝없이 이어지는 숲과 들판. 어쩌자고 홋카이도의 자연은 이리도 광활한 걸까.

오늘부터 이틀간 머물 이와오베쓰 유스호스텔. 시골 여관 같은 유스

홋카이도 · 여름

시레토코에서는 사람보다 사슴을 더 자주 만나게 된다.

호스텔이다. 낡고 허름하지만 정겨움이 느껴지는 곳. 짐을 맡겨놓고 바로 길을 나선다. 시레토코 고코는 이름처럼 원시림에 둘러싸인 다섯 개의 호수다. 유스호스텔에서 걸어서 한 시간 남짓. 간간이 차들이 지나가는 도로 옆 갓길을 걸어가는 사람은 나뿐이다. 길가의 풀섶에서 풀을 뜯고 있는 야생의 사슴들. 사람을 보고도 두려워하지 않는다.

도로가 끝나는 지점에 기다리고 있는 다섯 개의 호수. 아쉽게도 개방된 호수는 1호와 2호, 두 개뿐이다. 호수를 둘러싼 산책로, 청명한 숲의 향기, 주변으로 늘어선 깊고 큰 산들. 사람 없는 2호 호수 벤치에 앉아 비에 젖는 줄도 모르고 하염없이 풍경을 바라본다. 산책로를 벗어나 전망대로 올라가는 길로 들어선다. 전망대에 가면 만날 수 있으려나. 몹시 기다려온 그를.

홋카이도에는 불곰이 산다. 깊은 숲에서 나무 열매와 과일을 따 먹고, 해안에서는 연어와 송어를 사냥해 살아가는 야생 그대로의 곰. 시레토코는 불곰의 세계적인 고밀도 서식지다. 그래서 도로 곳곳에 '곰 조심' 혹은 '곰 출몰 지역'이라는 표지판이 서 있다. 내가 홋카이도에서도 가장 외진 동쪽 끝의 시레토코까지 온 데는 곰을 만나겠다는 흑심도 한몫했다. 야생의 불곰이라니, '야생의 고양이'나 '들개'가 주는 느낌과는 정말 다르지 않은가.

아직 곰은 보이지 않는다. 전망대에서 곰을 부르는 노래를 불러본다. 첫 곡은 새마을운동 노래를 개사해서. "곰 보러 가세. 곰 보러 가세. 우리도 한 번 곰 보러 가세." 봄타령은 이렇게 바꿔본다. "곰 곰 곰 곰 곰이 왔어요. 우리들 눈앞으로." 이왕 하는 김에 봄처녀도. "곰처녀 제 오시네. 새 풀옷을 입으셨네." 마지막 곡은 인간과 곰의 친밀도를 높이는 데 획기적으로 기여한 고전적인 곰 찬양가. "곰 세 마리가 한 집에 있

비에 젖고 있는 시레토코 고코 호수

어, 아빠 곰……" 아무리 불러도 곰은 오지 않는다. 비 내리는 날에는 털옷이 무거워 안 돌아다니는 걸까. 그런데 곰을 만나면 어느 나라 말로 인사를 하지? 일본이니까 일본어로? 아무래도 국제어인 영어가 나으려나? 그냥, 곰처럼 나도 우~웅?

전망대를 내려와 다시 호숫가로 돌아간다. '곰 출몰 지역'이라는 표지를 세워놓고 3호부터 5호 호수까지 가는 길을 막아놓았다. 곰이 자주 출몰하는 여름에는 호수의 일부분을 막아놓는다더니, 내가 딱 그 시기에 온 셈이다. 막으려면 제대로 막을 것이지, 이 절반의 뚫린 공간은 뭐람. 망설이던 나는 결국 안으로 들어서고 만다. 곰이 나오면 소리 지르지 말고 조용히 뒤로 물러나랬지? 배낭에 곰을 쫓는 방울도 매달려 있으니 이 소리를 듣고 알아서 피해주겠지? 안전수칙을 되뇌며 걷는다. 그렇게 곰이 보고 싶었지만 막상 곰 출몰 지역에 들어서니 걸음이 점점

불곰을 만나겠다는 욕심으로 두 번이나 왕복한, 전망대 가는 길

빨라진다. 역시 하지 말라는 짓은 하면 안 되는가 보다. 이렇게나 겁이 나다니. 뛰다시피 호수를 돌아 나온다. 이 길에서 막상 곰이라도 만났다면 난 그대로 기절했을지도 모른다. 점점 거세지는 비를 맞으며 돌아오는 길에도 사슴만 보이지 곰은 없다. 여기에 곰이 살긴 하는 걸까?

숙소에 돌아오니 옆방에 손님이 들었다. 호주에서 온 마이클과 프랑스인 허먼. 이들은 오늘 새벽에 시레토코 지역의 최고봉인 라우스다케를 오르기 위해 출발했다고 한다. 얼음벽이 가로막아 길 없는 길을 치고 올라 몇 시간을 헤매다 겨우 돌아왔단다. 해발고도 1661미터에 불과한 라우스다케지만 눈과 얼음 장벽 때문에 7월 초인 지금도 등반이 어렵다. 나 역시 시레토코에 온 애초의 목표는 이와오베쓰 온천에서 시작, 라우스다케를 경유해 가무이왓카유노타키 폭포까지 가는 1박 2일 25킬로미터의 '시레토코 횡단'이었다. 하지만 아직 눈이 녹지 않아 횡단이 불가능하다는 말에 라우스다케를 포기한 터였다. 여름이라 해도 역시 홋카이도의 산은 만만치가 않다.

마이클은 시드니 대학에서 과학과 법학을 전공하고 있는 스물세 살의 청년. 과학은 실험실에서 혼자 하지만 법학은 사람들과 함께 하는 일이라 특별한 즐거움이 있다고 한다. 동아시아 역사학으로 박사학위를 받은 허먼은 중국 칭다오에서 3년을 거주한 데다 여자 친구가 일본인이라 중국어, 일어, 영어에 모두 능통하다. 우리는 라운지에 둘러앉아 이런저런 이야기를 나눈다. 자유무역을 강조하지만 자국 시장을 철저히 보호하는 미국의 이중 잣대에 대해, 영화 시장과 농산물 시장의 보호문제에 대해, 한일 및 아시아의 역사에 대해. 마이클이 주로 선진국의 입장에서 그런 문제들에 접근하는 반면, 전공 때문인지 허먼은 아시아나 아프리카의 입장에서 문제를 바라보려는 시각이 엿보인다. 허먼이 생각난 듯 내게 묻는다.

"혹시 황석영이 쓴 소설, 읽어봤어?"

"물론이지. 근데 너도 읽은 거야? 뭘 읽었는데?"

"가장 최근에 읽은 건 『오래된 정원』. 내가 동아시아 역사를 공부했는데도 중국이나 일본 역사나 겨우 알지, 한국에 대해서는 아무것도 모른다는 게 좀 창피하더라. 그래서 황석영의 소설이나 역사 만화 같은 걸 찾아 읽었어."

"역사 만화? 누구 건데?"

"팍 컨 응. 몰라? 유럽에서는 꽤 알려졌는데."

나중에 찾아보니 그가 말한 사람은 박건웅이었다. 한국전쟁 당시의 노근리 학살 사건을 그린 역사 만화 『노근리 이야기』나 비전향 장기수 할아버지의 삶을 다룬 만화 『꽃』으로 국제적인 명성을 얻고 있는 만화가. 허먼은 재일 한국인 차별 문제나 일본군 성노예 문제, 731부대의 만행 같은 것도 잘 알고 있다. 그는 일본 사회에 대해서도 상당히 비판적이다. 100만 명에 달한다는 히키코모리(은둔형 외톨이), 과거를 사과하지 않는 극우 정치인들, 변화 없이 정체된 사회, 지나친 스트레스와 경쟁 구조……. 따뜻한 차를 마시며 친구들과 이야기를 나누다 보니 시간이 금세 지나간다.

허먼과 마이클이 방으로 돌아간 후에도 나는 라운지에 남아 책을 읽는다. 마종기 시인과 루시드 폴의 편지글을 모은 『아주 사적인, 긴 만남』. 창밖으로는 여전히 비가 내리고, 사슴 모녀가 이곳까지 저녁을 먹으러 내려와 있다. 조금씩 어둠이 짙어가는 저녁, 나는 따뜻한 차를 마시며 책을 읽는다. 창밖의 사슴 모녀를 가끔씩 바라보면서. 들리는 소리는 벽시계의 초침 소리와 낡은 냉장고의 모터 소리. 오랜만에 맞는 고요하고 한가로운 저녁이다.

밤새 내리던 비가 그쳤다. 하늘은 새파랗고, 맑고 상쾌한 공기가 대지에 가득하다. 오늘은 시레토코 고개를 넘어 라우스(羅臼)로 간다. 걸어서가 아니라 타고서. 오토바이를 몰고 여행하는 마이클의 오토바이 뒷자리에 오르기로 했다. 걸어서는 갈 수 없는 먼 곳까지 가보고 싶었기에.

우리의 첫 목적지는 바닷가에 있는 사사키 온천. 원시림 사이로 난 도로를 따라 시레토코 고개를 넘어 달린다. 전선줄도, 집도 보이지 않는 깊고 푸른 길을 한 시간 남짓 달려 바다로 들어선다. 이곳의 무료 노천탕은 바닷가에 돌로 둥그렇게 탕을 쌓았을 뿐이다. 세면장은커녕 탈의실도 없다. 예상치 못한 최악의 조건은 남녀혼탕이라는 점. 중년의 일본 남자가 다가오더니 묻는다.

"안 들어가세요?"
"아…… 저…… 발만 담그려구요."

잠시 발을 담그는 시늉만 하다가 나온다.

그런데 이 중년의 남자와 마이클이 갑자기 옷을 벗기 시작한다. 예고도 없이. 아니, 이것들이 뭐 하자는 수작이야? 바다를 보는 척 돌아서는데 얼굴이 화끈거린다. 이제는 둘 다 물에 들어갔겠지 싶어 돌아보니 눈앞에 맨 엉덩이가 보인다. 세상에, 팬티도 안 입고 완전히 벌거벗은 채로 들어가는 거야, 지금? 이들에게 난 제3의 성으로 보이는 걸까. 원치도 않은 스트립쇼를 본 기분이다. 어느새 탕 안에 걸터앉은 마이클이 태연히 묻는다.

"안 들어올 거야?"
"너 때문에 못 들어간다, 이 자식아."

이렇게 내뱉고 싶었지만 나는 고개도 못 돌린 채 겨우 답한다.

"난 동방예의지국에서 왔다구. 이런 건 있을 수도 없는 일이야, 우리나라에선."

그러고는 서둘러 언덕으로 올라간다. 아직도 충격이 가시질 않는다. 일본은 혼욕이 있는 문화라지만, 호주에서 온 마이클의 정체는 도대체 뭐람? 막 놀다 온 아이로는 안 보였는데. 잠시 후 탕에서 나온 마이클, 좀 미안한지 이런다.

"저 일본 아저씨가 그러는데 위쪽 해변의 노천탕은 남녀 구분이 되어 있대. 기다릴 테니까 다녀와."

하지만 난 수건도 안 가져온 데다 이미 질린 기분이다.

"아니, 귀찮아. 그냥 포기할래."

파도도 없이 잔잔한 바다를 바라본다. 여름이면 돌고래와 고래들이

당당하게 알몸이 되어 노천탕을 차지한 마이클과 일본 아저씨

찾아온다는 이곳의 바다는 고요하기만 하다. 겨울이 오면 저 바다가 얼어 유빙이 만들어지고, 흰꼬리수리, 점박이 물범과 바다사자들이 몰려와 둥둥 뜬 얼음 위에서 어슬렁거린다지. 겨울 바다를 상상하며 서 있는데 마이클이 묻는다.

"수영할 줄 알아?"

난 지난 몇 달간 수영을 배웠던 터라 당당하게 대답한다.

"물론이지."

"얼마나 가는데?"

"응? 25미터."

마이클이 어깨를 들썩거리며 웃는다. 이건 분명 어이없는 웃음 내지는 비웃음이다.

"야, 25미터를 가면서 어떻게 수영한다고 할 수 있어? 우리나라에선 수영 좀 한다고 말하려면 최소 몇 킬로미터는 헤엄칠 수 있어야 한다구."

"아, 그렇지. 넌 섬에서 왔지."

오스트레일리아를 섬이라고 표현하니 그게 또 웃긴가 보다. 마이클에게는 겨우 25미터를 가면서 수영할 줄 안다고 하는 내가 우습겠지만, 나로서는 놀라운 진보다. 몇 달 전까지 물에 뜨는 것조차 힘들어했던 나니까.

우리는 편의점에서 도시락을 사서 라우스 강변으로 내려간다. 강물 소리가 경쾌하고, 햇살은 따스하고, 동행까지 있으니 300엔짜리 도시락도 꿀맛이다. 소풍 나온 기분이랄까.

다시 오토바이에 올라타 고개를 넘는다. 해발고도 738미터인 시레토코 고개의 정상에 내려 주위를 둘러본다. 반도의 북서쪽 끝 마을 우토로와 남동쪽의 라우스를 잇는 시레토코 횡단 도로의 정상이다. 이 횡단

시레토코 고개로 가는 길에서 끝없는 원시림을 조망한다.

도로는 시레토코 국립공원 지역의 유일한 포장도로다. 이 광대한 시레토코 국립공원의 3분의 2는 아예 길이 없다. 눈에 들어오는 건 끝없이 펼쳐진 나무와 숲 그리고 라우스다케 산. 인간의 발길에 짓이겨지지 않은 원시의 풍경이다. 고개를 넘어 시레토코 자연 센터로 향한다.

  도중에 오토바이를 멈춘 마이클이 도로 옆 갓길을 가리킨다. "저기 좀 봐." 길고 탐스러운 꼬리를 흔들며 붉은 여우 한 마리가 갓길을 걸어가고 있다. 느긋한 발걸음이다. 우리는 가만히 여우를 바라본다. 뭘 찾는 걸까. 여우는 좌우를 두리번거리며 느릿느릿 지나간다. 까맣고 커다란 눈동자가 반짝반짝 빛난다. 눈이라도 마주친다면, 아무렇지도 않게 "내 비밀을 가르쳐줄까?" 하며 다가올 것만 같다.

  시레토코 자연 센터 주차장에 오토바이를 세워두고 센터 안으로 들어선다. 시레토코는 야생동물과 인간의 삶이 조화를 이루는 곳으로 꼽힌다. 그렇게 되기까지는 오랫동안 자연과 공생하는 삶의 전통을 지켜 온 아이누인들과 이곳 주민들의 노력이 컸다. 1970년대에 시레토코의 샤리 지역에도 대규모 개발 바람이 불기 시작했다. 외지 자본의 부동산 투기와 개발 열풍을 반대한 주민들은 자신들과 야생동물의 터전을 지켜내기 위해 '시레토코 재단'을 설립했다. 그리고 '1인당 100제곱미터 숲 갖기 운동'과 '8000엔 기부운동'을 벌여나갔다. 4만 9024명의 주민들이 5억 2000만 엔의 기부금을 모아 개발의 위기에 놓인 땅을 사들였다.

재단은 불곰의 생태계를 지키기 위한 대책도 마련하기 시작했다. 시레토코 국립공원에 서식하던 불곰들을 포획해 위치추적장치를 달고, 불곰의 생태를 연구하기 시작했다. 개체 수가 200마리 이상으로 늘어난 2004년부터는 GPS시스템을 도입했다. 불곰의 개체 수가 증가해 주민이나 관광객을 공격하는 일이 생기자 전기 펜스를 설치하고, 탐방로 곳곳에 '곰 출몰 주의' 표지판을 내걸었다. 또 신고 센터를 운영하고, 곰을 만났을 때 대처하는 법 등이 수록된 간행물을 매해 발간하고 있다.

이렇게 지켜낸 시레토코 국립공원은 2005년 세계자연유산에 등재됐고, 연간 방문객이 230만 명으로 늘어났다. 시레토코가 생태관광의 성지가 된 덕분에 지역경제도 10년 전에 비해 무려 다섯 배 이상 성장했다. 대규모 개발 없이도 자연 그 자체만으로 지역 경제를 살릴 수 있음을 이들이 증명한 셈이다. 우리나라에서도 몇 해 전 지리산 지역에 반달곰 복원 사업을 시작한 이후 지역 주민들이 이곳을 방문해 야생동물과 인간이 공존하는 모범 사례를 배워 갔다고 한다.

시레토코 재단이 운영하는 자연 센터를 둘러본 후 뒤쪽의 산책로를 따라 걸어간다. 키 큰 나무들 사이 풀섶 위로 난 길이다. 20분쯤 가니 바

바다를 향해 내리꽂히는 후레페노타키 폭포와 풀을 뜯는 사슴 한 마리

다로 떨어지는 거대한 폭포가 나온다. 후레페노타키 폭포다. 폭포 옆으로는 풀을 뜯는 사슴 몇 마리. 그럴 리야 없겠지만, 왠지 이곳에 산다면 시시한 갈등이나 고민 따위는 비집고 들어올 틈이 없을 것만 같다. 이토록 경이로운 자연 속에서 살아가다 보면 인간의 너절한 욕망 따위는 덧없이 느껴져, 매순간이 그저 감사와 평화로 가득 차오르지 않을까.

자연 센터 내부를 둘러본 후 마이클과 작별한다. 나는 편의점에서 산 만주 세트를 그에게 내민다.

"오늘 고마웠어. 이건 작은 답례."

"어, 이거 점심 때 네가 준 그 과자잖아? 고마워. 잘 먹을게."

"네 덕분에 걸어서는 못 갔을 먼 곳까지 다녀올 수 있었어."

"아니, 나야말로 즐거웠어. 시드니에 놀러 오면 우리 집에서 지내. 내가 야생의 바다로 데려가 줄게. 진짜 야생의 바다 말이야."

작별인사를 하고 돌아서는 나를 다시 끌어안은 마이클, 볼에 뽀뽀를 쪽! 이런 귀여운 면도 있었네. 홋카이도에서 처음 사귄 내 어린 친구는 그렇게 만주 한 봉지를 배낭에 쑤셔 넣고 오토바이에 오른다. 부릉부릉 소리를 내며 달려가는 오토바이를 향해 나는 오래도록 손을 흔들며 서 있었다.

자연 센터에서 바다를 왼쪽으로 끼고 한 시간 남짓 고개를 넘어 어제부터 머물고 있는 유스호스텔로 돌아왔다. 목욕 도구를 챙겨서 4킬로미터 떨어진 이와오베쓰 온천으로 향한다. 이와오베쓰 강을 끼고 거슬러 올라가는 길이라 곰들이 물을 마시거나 연어를 잡기 위해 종종 출현한다는 곳. 나는 은근하면서도 노골적인 기대로 전후좌우를 부지런히 살피며 걷는다. 홋카이도에서 불곰은 특별한 동물이다. 홋카이도의 원주민인 아이누족은 불곰을 '산의 신'으로 여겼다. 사냥으로 곰을 잡았을 때도 곰을 신의 세상으로 돌려보내는 의식을 치른 후에야 고기를 취했다고 한다. 어쨌든 시레토코에서는 불곰과 마주칠 확률이 30퍼센트가 넘는다는데 나는 운이 없는 걸까. 이토록 열망하는데도 만나질 못하니.

500엔의 입장료를 내고 온천욕을 즐기고 나와 숲 속에 있다는 노천탕을 찾아가본다. 이럴 수가. 내가 막 목욕을 마치고 나온 온천에 딸린 노천탕과는 비교도 할 수 없는 곳이다. 울창한 나무들이 가득한 깊고 맑은 숲 속의 3단 노천탕! 이런 곳에서 목욕을 하고 나면 10대의 피부로 돌아갈 것만 같다. '여행에 지친 피부에 휴식을!' 첨버덩 뛰어들고픈 욕망을 강력히 제어하는 건 가운데 탕 안에 신선처럼 앉아 계신 할아버지 한 분. 여긴 탈의실도 없어서 대충 옷을 벗어놓고 타월을 두르고 들어

3단 노천탕을 독차지하신 산신령 할아버지

곰을 만날까 싶어 두근거리는 가슴으로 걸었던 산책로

가는 수밖에 없다. 갈등은 커져만 간다. 어차피 안경을 벗으면 아무것도 안 보이니까 그냥 못 본 척 탕 안에 들어갈까. 눈을 감고 삼매경에 빠져 계시니 나한테 신경 쓸 일은 없을 것 같은데……. 하지만 발이 떨어지지 않는다. 노천탕 주변을 기웃거리다 결국 돌아서고 마는 지리멸렬한 나.

시레토코에서의 마지막 밤. 허먼도, 마이클도, 나도 시레토코와 사랑에 빠졌다. 이곳의 때 묻지 않은 자연 때문이다. 거주 인구는 거의 없고, 바다와 육지가 일체가 된 원시적인 생태계가 남아 있어 불곰과 참수리, 바다사자 등의 야생동물과 만날 수 있는 곳. 아무리 달려도 현대 문명의 흔적이라곤 보이지 않는 깊고 울창한 숲. 비에 젖고 있는 숲도 좋고, 쨍한 햇살에 몸을 말리는 숲도 좋다. 그 숲이 감추듯 품고 있는 폭포와 호수와 계곡. 마음까지 싸하게 만드는 공기와 적막함. 무엇보다 이곳 숲이 지닌 독특한 색감. 싱싱한 연둣빛으로 빛나는 숲을 가만히 바라보고 있노라면 눈자위부터 서서히 초록 풀물이 들 것만 같다. 달이 기울고 차오르기를 몇 번 반복하면 이 시린 연둣빛도 지친 초록빛으로 변해갈까? 아니, 홋카이도의 짧은 여름은 이 숲에 여전히 생기를 부여한 채로 지나갈 것 같다.

겨울이 오면 바다 위로 유빙이 둥둥 떠다니고 영하 20도의 기온은 예사라는 시레토코. 이곳의 주인은 사람이라기보다 숲과 거기 깃들인 동물들이다. 사람은 작은 구역을 빌려 잠시 머물다 갈 뿐. 이곳의 원주민이었으나 쫓겨나고 만 아이누인들도 그런 마음으로 살았으리라. '일본의 마지막 비경'으로 불리는 시레토코. 가까운 이웃 나라에 이런 곳이 남아 있어 얼마나 고마운지 모르겠다.

내 별은 어디서 한뎃잠 자나,
여름 은하수 ─잇사

我星はどこに旅寝や天の川

아쉽게 놓쳐버린 일본 최대의 습지 산책
구시로 습원

아침부터 또 비가 내린다. 카약과 나무 타기를 한다고 들떠 있던 남자들이 날씨 때문에 취소되었다며 실망하는 소리가 들려온다. 오늘 나는 구시로 습원으로 간다. 그곳의 자연은 또 어떤 얼굴로 나를 맞아줄까. 버스터미널 매표소에서 흘러나오는 엔카. 축축 늘어지는 목소리가 주룩주룩 비 내리는 이곳 풍경과 그런대로 어울린다. 막걸리에 해물 파전 한 접시가 절로 생각난다.

기차를 타고 가다 눈을 번쩍 떴다. 구시로 습원 |釧路湿原| 역. 여기서 내려야 하는데 기차가 막 출발하고 있다. 졸다가 역을 지나치다니. 뜸한 기차 시간을 계산해 짜놓았던 계획이 이로써 물거품이 되어버렸다. 어떻게 이런 말도 안 되는 실수를 저지를 수 있을까.

구시로 습원은 홋카이도의 동부 구시로 강 유역에 자리 잡은 국립공원이다. 람사르 조약(국제습지조약)에 등록된, 일본에서 가장 넓은 습지로 일본 전체 습지 면적의 59퍼센트를 차지한다. 해마다 찾아오는 멸종 위기의 두루미를 위해 자연환경을 철저히 보호하기로 이름난 곳이기도

전망대로 가는 길, 비에 젖은 숲이 푸른 생기로 가득 찼다.

하다. 습지 위로 산책로가 만들어져 있어 일대를 둘러보기 좋다기에 꼭 오고 싶었던 곳이다. 보름간의 빡빡한 홋카이도 여행 일정에서 구시로 습원은 당일치기 여행이었다. 오전에 습지를 걷고 아사히카와를 거쳐 아사히다케 온천으로 이동한다는 계획 아래 숙소 예약도 다 마친 상태. 다음 기차를 타고 구시로 습원으로 간다면 오늘 안에 아사히다케 온천으로 갈 수 없게 된다. 결국 도로|塘路| 역 근처의 사루보 전망대와 사루룬 전망대에서 습지를 둘러보는 걸로 계획을 변경한다.

  도로 역에 내려 이정표가 가리키는 대로 도로를 따라 40분 남짓 걸어가니 숲이 나온다. 5분 정도 숲길을 오르니 사루보 전망대. 아득하리만치 거대한 늪지가 펼쳐져 있다. 우리나라의 우포늪보다 스무 배가 넘는 면적이라더니 막막할 만큼 광활하고 거친 모습이다. 남쪽으로는 구시로 습원 최대의 호수인 도로코 호수, 북쪽으로는 시라루토로누마 연못, 구시로 습원과 그 사이를 관통하는 열차 선로까지 한눈에 들어온다. 더 멀리 눈을 들면 아칸 연봉들이 호위하듯 늘어서 있다. 난간에 걸터앉아 연둣빛 수생식물로 뒤덮인 늪을 바라본다. 호수에서 시작해 늪을 거쳐 초원이 되기까지는 얼마나 오랜 세월이 흘러야 하는 걸까. 저 푸른 늪에는 얼마나 많은 생명들이 깃들여 있을까.

내가 늪을 처음 만난 건 서른이 되던 해 겨울이었다. 10년을 만나온 남자와의 마지막 여행길이었다. 함께 나누지 못하는 서로의 삶에 지쳐가던 그해 겨울, 퇴근길에 여섯 시간 넘게 차를 몰아 창녕으로 내려갔다. 잠을 이루지 못하고 뒤척이던 긴 밤이 지나가고 새벽녘에 그를 깨워 우포늪에 갔다. 안개에 싸인 늪은 처음에 아무것도 보여주지 않았다. 이윽고 안개가 몸을 틀어 서서히 사라지며 늪이 깨어나던 순간, 우리 누가 먼저랄 것도 없이 나지막이 탄성을 질렀다. 1억 4000만 년이라는 세월을 건너온 늪 위로 새가 날고, 해가 떠오르던 그 순간. 늪 속에 뿌리를 박은 채 자라온 나무들과, 그 늪 속으로 고개를 들이밀고 먹을거리들을 찾던 철새들을 바라보며 우리는 말도 없이 그저 앉아만 있었다. 늪은 바닥까지 깊숙이 햇볕을 끌어들여 제 안에 무성한 식물들을 키운다는데, 우리는 왜 서로의 얕은 물살조차 건너가지 못하는 걸까. 길이 보이지 않는 앞으로의 삶이 바닥이 보이지 않는 저 늪 같다는, 그런 생각을 하며. 헤어짐은 예정되어 있었고, 서로에게 생채기를 내기에 급급하던 그 겨울. 우포늪에서 우린 함께였지만 외따로였다. 갓 서른이 되었던 나는 모든 일에 서투르고 성급했다. 사람과 사람이 함께 살아가기 위해서는 긴 적응의 시간이 필요하다는 것을, 그토록 오랜 세월에 걸쳐 이루어진 늪지 앞에 서서도 알아채지 못하고 있었다. 마흔쯤 되어 우포늪을 찾았더라면, 뜻대로 풀리지 않는 것들에 대해 조금은 느긋했을까. 겨울 새벽의 늪을 바라보던 내 쓸쓸한 얼굴이 10년의 세월을 건너 살아온다.

발길을 옮겨 바로 옆의 사루룬 전망대로 향한다. 이곳에 서 있으려니 놓쳐버린 구시로 습원이 새삼 아쉬워진다. 여기서는 이렇게 바라볼 수밖에 없지만, 구시로 역에서는 습지 위로 난 트레일을 따라 걸을 수 있기에. 늪에 기대어 살아온 생명들을 조금 더 가까이서 들여다보고 싶었는데……

비 그친 거리를 걸어 역으로 오는 길. 바람이 불어와 길가의 풀들을 흔들어대고 있다. 역무원도 없는 간이역에 혼자 앉아 이소라의 〈바람이 분다〉를 듣는다. 세상의 끝에서 마지막 저녁을 맞고 있는 것만 같은 초여름 저녁이다. 비 그친 후 희끗희끗 드러난 푸른 하늘의 색이, 물기를 머금은 습지의 나무들 색이 얼마나 푸릇푸릇한지 이곳을 떠날 일이 벌써부터 아쉬워진다.

홋카이도에서는 일본의 다른 지역에서 흔히 보던 정원수가 눈에 별로 띄지 않는다. 이곳의 생활수준이 다른 섬에 비해 낮기 때문일 수도 있지만 그보다는 자연의 의미가 서로 다르기 때문인 것 같다. 정원이라는 좁은 울타리 안에 가둘 수 없는, 인간이 통제하거나 가꿀 수 없는 '스스로 그러한 것', 그게 자연임을 이곳 사람들은 아는 게 아닐까. 사방을 둘러보면 막막할 정도로 거친 원시의 대자연이니 굳이 집 안으로 무언가를 옮기거나 들여놓을 필요도 없지 않았을까.

이곳의 원주민이었던 아이누인들을 떠올려본다. 올빼미신과 곰신을 모시고, 대지를 어머니로 여기며 강과 숲에 깃들여 살아온 이들. 아이누인들은 수천 년 전부터 혼슈 북부와 홋카이도, 러시아의 사할린, 쿠릴 열도에 흩어져 살아왔다. 사냥과 수렵 활동을 하며 살아온 그들은 외모와 관습, 종교, 언어가 주류인 야마토 민족(우리가 흔히 말하는 일본인)과 달라 메이지 시대 이후 민족말살적인 동화정책에 희생되어왔다.

일본 정부가 홋카이도를 빼앗는 과정은 미국이 아메리카 인디언을 억압하며 말살하던 과정과 놀랍도록 비슷하다. 에도 시대에는 토지공여제도를 통해 일본 상인들에게 토지를 공여하고 아이누족을 노예처럼 부릴 수 있게 하더니, 메이지 정부 이후에는 아예 홋카이도 식민위원회를 설치해 홋카이도를 '소유주 없는 땅'으로 분류했다. 이들이 제정한 '구(舊)토착민보호법'에는 토착민들이 이미 동화되어 "더 이상 존재하지 않는다"라고 명시해놓는 식이었다. 일본 정부는 2008년까지 일본에는 소수민족이 없다고 공식적으로 선언하고 다녔다. 2007년 유엔이 원주민 권리 선언을 채택한 후에야 비로소 아이누족은 일본의 원주민으로 인정받게 됐다. 하지만 아이누족은 급격한 인구 감소와 민족 정체성의 상실로 위기를 겪고 있다. 홋카이도에 거주하는 아이누족의 전체 인구는 2만 3000여 명에 불과하다.

자연을 섬기고, 대지에서 나온 것들을 소중하게 대했던 아이누인들은 일본 정부와 기업의 자연 파괴, 즉 댐 건설과 무분별한 벌목 사업 등에 맞서 외롭게 싸우기도 했다. 내가 지금 홋카이도의 원시림을 즐길 수 있는 것도 그렇게 이 땅에 수천 년간 살아온 아이누인들 덕분이다. 부디 아이누인들의 문화가 병든 일본과 우리를 깨우는 종이 되어주기를…….

사루보 전망대에서 바라보는 구시로 습원의 광대한 전경

여름 냇물을 건너는 기쁨이여,
손에는 짚신 ─ 부손

夏川を越す嬉しさよ手に草履

겨울눈 위로 여름꽃 피어나는 홋카이도의 지붕
다이세쓰잔

나는 대체 정신을 어디다 빼놓고 다니는 걸까. 이번에는 졸다가 역을 놓친 게 아니라 아예 기차를 잘못 탔다. 아바시리 행 기차를 탄다는 게 구시로 행 기차를 타버렸다. 목적지인 아사히다케 온천까지 오늘 안에 도착하기는 틀렸으니 숙소 예약을 취소하고 아사히카와에서 자야 하는 걸까? 구시로 습원을 제대로 보지도 못한 채 아사히다케 온천으로 가게 된 것도 억울했는데, 아예 거기까지 가지도 못하고 아사히카와에서 하룻밤을 보내게 되었으니……. 할 수 없다. 일단 아사히카와까지 가서 방법이 없으면 예약을 취소하고 그곳에 머무는 수밖에.

단념하고 기차를 기다리던 마지막 순간에 기적이 일어났다! 대합실에 앉아 눈에 들어오지 않는 책을 억지로 읽고 있는데 삿포로 행 특급열차의 도착을 알리는 안내방송이 들렸다. 삿포로? 그럼 아사히카와를 거쳐 가는 게 아닐까? 역무원에게 달려가 물어보니 이 차를 타고 오비히로에서 갈아타고, 후라노에서 한 번 더 갈아타면 두시 반에 아사히카와에 도착한단다. 그럼 아사히다케 온천으로 가는 마지막 버스를 탈 수 있다. 고3 때 체력장 치르던 정신력으로 달려, 막 떠나려는 기차에 올라탔다. 이렇게 기쁠 수가. 이번 기차에서는 무슨 일이 있어도 졸지 않으리라. 나를 구한 이 기차의 이름은 슈퍼 오조라 리미티드 익스프레스. 이름에서도 왠지 아우라가 느껴진다.

아사히카와 역에 내려 버스로 갈아탄다. 정확히 50킬로미터 제한 속도를 지키며 달리는 버스. 텅 빈 도로에서 그 속도로 달린다는 게 얼마나 대단한 일인지, 바라보는 사람의 속은 또 얼마나 터지는지 오늘 실감했다.

두 시간 후, 버스가 아사히다케 온천 유스호스텔 앞에 섰다. 아사히다케 |旭岳|의 발치에 깃든 이곳은 10여 개의 온천여관들로 이루어진 온천 지구다. 내가 머물 곳은 물론 그중에서 가장 저렴한 유스호스텔. 통나무 산장의 분위기를 풍기는 숙소는 기대 이상으로 시설이 훌륭하다. 별 네 개짜리 유스호스텔답다. 2층 침대가 두 개 놓인 4인실 방에는 개인별 사물함도 있고, 식탁과 냉장고, 텔레비전까지 있다. 침대에는 프라이버시를 위한 커튼과 개인 전등. 온천수가 쏟아지는 목욕탕에는 노천 온천이 딸려 있다. 하지만 역시 이곳도 밥을 해 먹기가 어렵다. 취사도구는 없고 20분에 100엔인 전기화로가 고작이어서 겨우 햇반을 데워 저녁을 먹었다. 일본의 유스호스텔에서는 대부분 저녁 식사와 아침 식사를 시켜 먹나 보다. 유럽의 유스호스텔을 생각해 식료품을 잔뜩 싸들고 온 나만 고생이다. 온천욕으로 피로를 풀고 잠자리에 든다. 어느새 혼자 온 일본 아줌마들로 4인실이 다 찼다.

그 이름처럼 다이세쓰 산은 한여름에도 녹지 않고 남은 눈밭이 펼쳐진다.

잔설 사이로 피어난 색색의 꽃들과 눈 맞추는 길

오늘은 다이세쓰잔ㅣ大雪山ㅣ 국립공원의 최고봉 아사히다케를 오르는 날이다. 표고 1100미터인 로프웨이 승강장에 도착하니 새벽 다섯시 오십분. 아침잠 많은 내게는 기적처럼 감동적인 시간이다. 여섯시부터 운행하는 로프웨이가 벌써 운행을 시작했다. 성수기에다 일요일인 탓인지 줄이 엄청나게 길어 깜짝 놀랐다. 두 시간 넘게 걸어 올라가야 하는 500미터의 고도를 로프웨이는 12분 만에 데려다 준다. 마음은 조금 불편하지만 덕분에 몸은 편하다.

로프웨이에서 내리자마자 펼쳐지는 풍경은 낯설면서도 아름답다. 여

들꽃 흐드러지게 피어난 산길, 나도 모르게 느려지는 발걸음

름 들꽃이 핀 들판에 겨울 잔설이 남아 있고, 활화산이라 곳곳에서 연기가 무럭무럭 솟아오른다. 한국의 산에서는 한 번도 보지 못한 풍경이다. 어디선가 계속 맥반석 계란 냄새가 솔솔 풍겨온다. 내 앞에 걷고 있는 아주머니가 배낭에 맥반석 계란을 싸 왔나 싶었는데, 유황 연기 냄새다. 이곳의 최고봉인 아사히다케를 비추는 걸로 유명한 스가타미이케 연못. 오늘은 날씨가 흐려 아무것도 보이지 않는다.

지금 내가 걷고 있는 곳은 일본에서 가장 넓은 국립공원(2309제곱킬로미터). 홋카이도의 지붕인 2000미터급 봉우리들이 늘어서 있고, 고산 식물의 군락지가 펼쳐지는 아름다운 공원이다. 홋카이도의 최고봉으로 가는 길은 자갈길이지만 그리 경사가 급하지는 않다. 표고 2291미터인 아사히다케 정상에 도착하니 여덟시. 날이 활짝 개었지만 밑으로는 운해가 깔려 시야를 가린다. 그래도 꽃 핀 벌판과 잔설과 푸른 하늘이 만들어내는 색의 대비가 경이롭다.

정상에 잠시 머물렀다가 다시 걷기 시작한다. 마미야다케, 나카다케를 거쳐 이시무로 산장까지 가는 길은 동화 속 같은 꽃밭길. 트랙 양편으로 분홍 꼬리풀, 연보라 초롱꽃, 노란 금매화, 보라색 바위도라지, 둥근이질풀 들이 다투듯 피어났다. 앞서 걷는 이들 모두 발걸음을 멈춘 채 감탄사를 터트린다.

조금씩 안개가 몰려온다. 하산을 시작할 무렵, 시야가 완전히 닫힌다. 표고 1984미터의 구로다케는 야생화와 가을 단풍의 명소라는데, 안개 때문에 아무것도 보이지 않는다. 이곳에는 리프트 정거장이 있다. 탄력을 받은 다리가 계속 걷자고 해 리프트 옆으로 난 길로 들어섰다. 이럴 수가, 길이 상상 이상으로 험하다. 질퍽한 바윗길. 사람들이 다니지 않아 이렇게 험한가 보다. 혼자서 바윗길을 걸어 내려오니 표고

1300미터의 구로다케 역. 더 걸을까 잠시 고민하다 이 길도 똑같이 험하다기에 로프웨이를 탄다.

로프웨이에서 내리니 소운쿄│層雲峽│. 주상절리의 가파른 절벽이 이어지는 협곡으로 유명한 곳이다. 눈 녹은 물이 흐르는 이시카리 강 양옆으로 우뚝 솟은 절벽이 대협곡을 만들어 장대한 경관이 펼쳐진다. 다이세쓰 산 주변에서 가장 유명한 온천 마을이기도 하다. 나도 유스호스텔에 짐을 내려놓고 온천으로 직행한다. 호텔 7층 온천의 통유리 밖으로는 푸른 산이다. 노천 욕탕에 앉으니 산에서 불어오는 서늘한 바람이 상쾌하다. 지치도록 걷고 난 후의 온천욕처럼 행복한 게 또 있을까. 온천은 일본이 주는 최고의 선물이다.

다이세쓰 산, 가을 종주를 기약하며

산에 갈 사람이 짐을 싸는 소리에 새벽잠을 설쳤다. 유스호스텔에 머물면 늘 이렇게 옆 침대의 부석거림으로 잠이 깨고 만다. 비가 줄기차게 내리고 있다. 일기예보에 따르면 오늘 하루 종일 비가 내린다고 했다. 홋카이도는 원래 장마가 없다는데 지금껏 맑은 날을 본 게 삼사일밖에 안 되는 것 같다. 지구온난화 때문에 여기도 이상기후란다. 원래는 어제 걸은 길을 다시 걸어 아사히다케 온천의 유스호스텔로 돌아갈 계획이었다. 그런데 이 비를 맞으며 같은 길을 걷기가 싫다. 결국 버스를 타고 돌아가기로 한다.

숙소 앞에 내리니 어느새 한시를 넘겼다. 비는 여전히 거세게 쏟아진다. 침대에 누워 빗소리를 들으며 서경식의 『청춘의 사신』을 읽는다. 이야기를 하다 만 듯해, 이전의 책들과 달리 조금 아쉽다. 잡지에 연재한 짧은 글을 묶었기 때문일까. 책장을 덮고 목욕탕으로 향한다. 욕탕에

정상 아사히다케의 발치. 눈 덮인 산들이 첩첩이 늘어섰다.

들어서니 손님은 나 하나. 노천탕에 앉아 빗물을 맞고 있으니 왠지 개구리가 된 기분이다. 폴짝 뛰어볼까. 똑똑 떨어지는 차가운 빗방울. 얼굴 아래로는 따뜻한 물. 걷지도 않고 온천욕을 하려니 조금 죄스럽긴 하다.

저녁 식사 자리에서 한 식탁에 앉은 아줌마, 아저씨들이 내게 말을 걸어온다. 한국인이 이곳까지 혼자서 산을 타러 왔다는 게 신기한가 보다. 게다가 나더러 대학생이냐고 묻는다. 어찌나 기쁘던지. 참 이상하다. 한국에서 택시를 타면 "사모님, 어디로 모실까요?"인데, 일본에서는 유독 학생이냐는 질문을 많이 받곤 하니. 예의바른 일본인들이라 나이를 물을 때도 액면가보다 한참 더 낮춰서 묻는 걸까.

앞자리의 아저씨, 한국의 산부터 내가 하는 일까지 온갖 질문을 다 퍼부으시더니 내 방으로 찾아오셨다. 내일 아침에 먹으라고 바나나 몇 송이와 교토의 특산품 과자 한 상자를 내미신다. 이 아저씨는 작년 9월 25일에 아사히다케를 등반하러 왔는데 눈이 너무 많이 쌓여 등반을 못 했단다. 9월 하순에 폭설 때문에 산행을 못 하다니 역시 눈의 나라답다. 같은 방을 쓰는 아줌마(충무로의 후지포토살롱에서 한국인들과 함께 한·일의 산 사진전을 두 번 했단다)도, 이 아저씨도 다이세쓰 산에 대한 자부심이 대단하다. 하긴, 매점에서 파는 엽서의 가을·겨울 풍경이 무척 아름다웠다. 언젠가 가을에 다시 돌아와 전 구간을 종주하고 싶다. 그때는 텐트를 짊어질 돌쇠라도 구해서.

다섯시에 눈을 뜨니 비는 그쳐 있다. 짐 보관함에 배낭을 넣어두고 숙소를 나선다. 로프웨이를 타고 올라간다. 다들 아사히다케 방향인 오른쪽으로 향하는데 나는 왼쪽 코스를 선택한다. 아직 가보지 못한 길을 걷고 싶기에.

　길 위에는 사람이 없다. 이 큰 산에 나 혼자 걷고 있는 기분이다. 하늘은 새파랗게 개고, 바람은 거세지만 청명하고 고요한 아침이다. 유황 연기 냄새, 눈이 녹아 흐르는 소리. 어디선가 들려오는 새소리.

　아사히다케 정상에 오르니 구름의 바다 아래 감춰져 있던 봉우리들이 깨끗이 드러났다. 남쪽으로는 도카치다케의 연봉들이, 북동쪽으로는 구로다케의 봉우리가 보인다. 역시 다시 올라오기를 잘했다. 이렇게 멋진 풍경을 보게 되다니. 내려올 땐 다람쥐라도 된 듯, 날개라도 달린 듯 발이 절로 달렸다. 짐 찾아서 버스를 타고 아사히카와로 나와 비바우시 행 기차에 오른다. 홋카이도 여행의 마지막 목적지를 향해.

꽃구경에 날 저무니 집으로 가는
머언 벌판길 - 부손

花に暮れて我家遠き野道かな

사람과 자연이 함께 만든 거대한 조각보
후라노와 비에이

걷기는 풍경을 오래 간직할 수 있는 유일한 여행이다. 발자국으로 남기는 몸의 흔적이자 지구에게 건네는 몸의 인사다. 길 위에서 기다리는 모든 만남을 몸과 마음에 새기겠다는 적극적인 의지다. 홋카이도를 걷는 동안 새삼 깨닫고 있다. 사람이 자연을 통해 얼마나 큰 위안을 받는지, 몸을 쓰는 일이 삶에서 얼마나 중요한 일인지를. 날이 흐리고 바람이 불고 비에 젖어도 내 몸은 기꺼이 앞으로 가자고, 조금 더 걷자고 보챈다. 비 내리는 날은 비 내리는 대로, 맑은 날은 맑은 대로 행복하다. 핸드폰이 터지지 않아 다행이고, 인터넷이 되지 않아 홀가분하다.

자전거를 빌릴까 잠시 고민하다 결국 걷기로 한다. 자전거의 두 바퀴보다는 내 다리가 더 믿음직스럽기에. 여기는 그 이름만큼이나 아름다운 비에이|美瑛|. 다이세쓰 산의 발치에 내려앉은 작은 마을 비에이는 자연을 사랑하는 이들의 성지다. 노란 해바라기, 붉은 양귀비, 보랏빛 라벤더가 가득 피어나는 들판으로 유명한 이곳은 일본에서 가장 예쁜 마

이런 예쁜 학교에 다닌다면 매일 아침, 눈이 절로 떠질 것만 같다.

을로 꼽힌다.

　출발 지점은 하얀 종탑이 앙증맞은 비바우시 소학교. 눈 덮인 도카치다케 연봉을 배경으로 뾰족 탑과 빨간 지붕, 하얀 건물이 두드러지는 예쁜 초등학교다. 시키사이노오카 |四季彩の丘|의 야외 꽃밭에 들러 꽃밭을 둘러본다. 비에이에서 가장 큰 화원인 이곳은 계절에 따라 서른 가지의 꽃들이 피어나는 화려한 꽃밭이다.

　도로를 따라 30분 남짓 걸으니 비에이에 있는 수많은 미술관과 박물관 중에서도 가장 유명한 다쿠신칸. 풍경사진가 마에다 신조의 사진 갤러리로 비에이의 아름다운 풍경들이 전시되어 있다. 지요다노오카 전망대에서 신아이노오카 |新栄の丘| 전망공원을 거쳐 다시 비바우시 역으로 돌아오니 꼬박 다섯 시간이 걸렸다.

　비에이는 사진에서 보던 대로 예쁘다. 일본이라기보다는 이탈리아 토스카나나 프랑스 프로방스의 느낌을 준다. 파스텔톤의 꽃밭과 부드럽고 완만한 구릉의 곡선이 예쁘고 아기자기하다. '패치워크 로드'라

이름 붙은 곳은 사람과 자연이 함께 만든 거대한 조각보 같다. 옥수수밭과 밀밭, 해바라기밭과 보리밭, 감자밭 등 제각기 다른 색을 지닌 네모꼴의 밭이 어울려 만들어내는 색감과 문양이 이채롭다. 예쁘게 가꾸고 다듬은 목가적인 풍경이라고나 할까. 일본 전역에서 사진가들이 몰려드는 이유를 알겠다.

하지만 난 이미 레분토나 시레토코의 자연을 보고 난 후라 인간의 손길이 만들어낸 이곳의 풍경에 그리 마음이 흔들리지는 않는다. 사람의 손이 닿지 않은 채 스스로 있어온 모습 그대로의 자연이 내게는 더 경이롭고 감동적이다.

라벤더 향에 가려진 아이누의 숨결

아침부터 비가 내린다. 이곳의 일기예보는 어찌나 정확한지 비가 내린다고 하면 반드시 내린다. 그것도 몇 시경에 내리는지까지 알려준다. 기후의 신과 기상청 사이에 모종의 밀약이라도 있는 걸까.

오늘은 후라노富良野로 간다. 후라노는 홋카이도의 정중앙에 위치해 '헤소노마치', 즉 배꼽마을이라 불린다. 후라노에서 가장 유명한 축제인 헤소마쓰리(매년 7월 28일, 29일)에는 배에 사람 얼굴을 그려놓고 춤을 춘다고 한다. 일본에서 후라노가 유명해진 데에는 22년에 걸쳐 방영된 드라마 〈북쪽 나라에서〉도 한몫을 했다.

후라노에서 가장 먼저 찾아가는 곳은 고토 스미오 미술관. 가미후라노 역에 내려 30분 남짓 걸으니 미술관이다. 일본 미술계를 대표하는 화가인 고토 스미오後藤純男는 지바 현에서 태어났지만 홋카이도의 험준하고 웅대한 자연에 매료되어 이곳에 아틀리에를 차리고 미술관까지 열었다. 그는 일본화를 그리는 화가다. 일본화는 서양식 물감이나 캔버

자연과 인간이 함께 만든 풍경

꽃과 함께 살아가는 이 마을 사람들은 모두 꽃을 닮은 환한 얼굴이 아닐까.

스를 사용하지 않고, 손으로 뜬 일본 종이와 식물과 광물을 원재료로 한 천연 물감을 사용한다. 천연 물감의 원료로는 터키석, 산호, 크리스털, 호박 등이 사용되기 때문에 작품 가격이 상상을 초월할 만큼 높다고 한다. 미술관에는 교토나 나라, 홋카이도의 풍경을 그린 작품 150여 점을 모아놓았다.

 고토 스미오의 그림은 확실히 예쁘다. 절이나 일본 정원을 소재로 봄의 벚꽃, 여름의 녹음, 가을의 단풍, 겨울의 설경 등 사계를 그린 그림들이 화려하고 곱다. 가장 일본적인 풍경을, 일본화의 전통 속에서 구현했다고나 할까. 너무 정교하고 화려해서 머뭇거려질 정도였는데, 겨울의 도카치 산맥을 그린 그림 앞에 내 발길이 멎는다. 그림 속의 도카치 산맥은 헐벗은 맨몸이다. 가만히 들여다보고 있으면 칼바람 휘몰아치는 소리가 들려오는 것만 같다. 동안거에 들어간 겨울산의 엄숙한 결기가 전해진다. 애써 찾아간 보람이 있다. 미술관을 나서서 돌아오는 길, 멀리 어깨를 맞댄 도카치 산맥이 나를 배웅해준다.

 라벤더로 유명한 히노데 공원에 잠시 들렀다가 여름철에만 운행하는 꼬마기차를 타고 나카후라노로 이동, 팜 도미타를 찾아간다. 7월 중순이면 후라노 곳곳에 라벤더가 만개해 일본 전역에서 관광객들이 몰려든다. 후라노에서도 라벤더로 가장 유명한 곳이 바로 팜 도미타. 라벤더의 원산지는 지중해로, 남프랑스가 대표적인 재배지다. 후라노는 프랑스 남부 지방과 기후가 비슷해서 오일 채취를 목적으로 라벤더를 재배하는 농가들이 생겨났다. 1948년에는 가미후라노 지역에서 향료 회사와 계약을 맺고 화장품 원료용 라벤더를 재배하기 시작했다. 하지만 수입 향료, 화학 향료와의 가격 경쟁에 밀려 라벤더 재배는 시들해졌다. 1975년, 어느 사진가가 찍은 팜 도미타의 라벤더 사진이 국철 JR에서 발행하는 달력에 실렸다. 그 후 일본 전역에서 사람들이 몰려들기 시작했다. 결국 라벤더는 외지고 궁핍한 산간 마을 후라노를 부활시킨 일등공신이 되었다.

보랏빛으로 물든 후라노의 여름 언덕은 아름답다. 하지만 사진으로 너무 많이 봐서인가, 특별한 감동은 없다. 홋카이도의 거대한 자연을 대하다 인간이 꾸며놓은 꽃밭을 보니 초라하게 느껴졌다고나 할까. 게다가 똑같은 물건을 파는 가게들이 몇십 미터 간격으로 반복되니 심하다 싶다. 주차장 가득한 수백 대의 차량과 라벤더 꽃대보다 더 많은 사람들을 보는 순간 돌아가고 싶을 정도였다. 그래도 여기서 파는 소프트 아이스크림만큼은 최고다. 내 점심 도시락 값인 300엔이라는 가격만 아니라면 몇 개라도 먹을 수 있을 것 같다.

아이스크림을 먹으며 관광안내소에서 받은 후라노 소개 소책자를 펼쳐본다. 뒷면의 '개척 메모'라는 구절이 눈을 끈다. 에도 시대 말기의 탐험가였던 마쓰우라 다케시로 松浦武四가 비에이에서 도카치 연봉을 잇달아 넘은 데서부터 시작하는 '개척 메모'. 그 다음 메이지 30년(1897년)에 후쿠오카 현 출신의 나카무라 부부가 소작농 세 가구를 데리고 들어왔다고 소개한다. 그런데 개척이라니, 본토로부터 이주해 온 사람들이 아무도 살지 않는 땅을 일군 듯한 느낌을 주지 않는가. '후라노'라는 마을 이름이 아이누어 '후라누이'에서 온 데서 알 수 있듯 이곳은 아이누인들의 땅이었다. '개척'이라는 단어를 그대로 써서 마을의 역사를 소개하다니 실망스럽다.

다음 날, 홋카이도의 대자연에 반해 여섯 번이나 레분토에 왔다는 후미코와 우에노 농장으로 간다. 빗방울이 또 떨어지지만 오늘은 차량 이동이라 걱정이 없다. 우에노 농장은 일본 드라마 〈우에노 가든〉의 정원

을 만든 젊은 여성(영국에서 정원 가꾸기를 공부했다고 한다)이 가꾼 정원이다. 분명 영국식 정원의 적당한 자연스러움이 풍기지만 규모가 생각보다 작다. 400엔의 입장료가 아깝다는 생각이 살짝 든다.

공항 근처의 아이스크림 가게에 들러 아이스크림을 사 먹고, 그곳에서 추천한 식당을 찾아갔다. 동네 아줌마들이 운영하는 이곳은 직접 기른 야채로 만든 카레 요리로 이름을 날리고 있다. 메뉴도 카레 요리 세 가지뿐. 한 시간을 기다려 먹은 카레라이스는 무척 담백하고 맛있다.

돌아오는 길에는 비에이 주변으로, 이름이 붙은 유명한 나무들을 둘러봤다. 마일드세븐 담배 광고에 나와 '마일드세븐 언덕'이라는 이름이 붙은 곳, 세 그루의 나무가 부모와 자식처럼 보인다고 해서 '부자의 나무'라 불리는 떡갈나무들, 크리스마스트리를 닮았다는 '크리스마스트리' 나무, 약간 기울어진 몸피가 고개를 숙이고 깊이 생각하는 모습을 닮았다고 '철학의 나무'라 이름 붙은 포플러 나무까지. 후미코 덕분에 편안하고 유쾌한 하루를 보냈다. 가을에 다시 만나 함께 산을 오르자는 약속을 하고 헤어졌다.

홋카이도를 떠올릴 때면 늘 겨울의 눈 쌓인 풍경이었다. 나 역시 몇 년 전 겨울, 삿포로와 오타루를 여행했다. 겨울의 홋카이도는 듣던 대로 눈의 나라였다. 한 번도 본 적 없는 크고 굵은 눈발이 하루 종일 흩날리곤 했다. 흔적도 없이 세상을 하얗게 덮어가는 폭설은 경이로웠다. 눈은 쌓이고 또 쌓여 홋카이도 전체를 설국으로 만들고 있었다. 하지만 여름의 홋카이도와 겨울의 홋카이도 중 하나를 선택하라고 한다면, 나는 여름의 손을 들겠다. 다른 곳처럼 습기와 더위에 지친 녹음이 아니라, 싱싱하고 상쾌한 자연의 숨결을 느낄 수 있는 홋카이도의 여름. 몇 번이고 돌아오고 싶다.

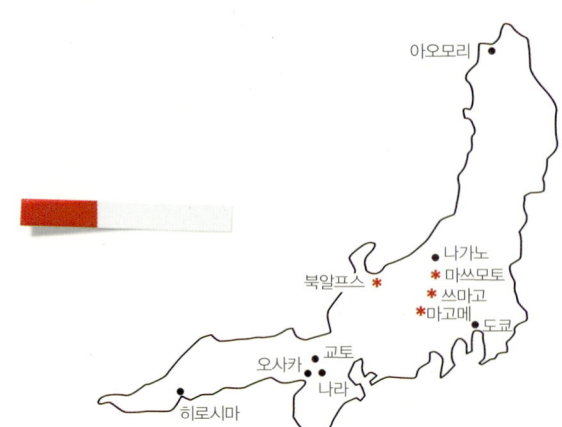

혼슈 本州

가을

한밤중 몰래,
벌레는 달빛 아래 밤을 갉는다
夜竊二蟲は月下の栗を穿ツ
— 바쇼

이글거리는 분화구와 깎아지른 절벽의 야성적 매력
북알프스 다테야마

금세 비가 쏟아질 것처럼 잔뜩 흐린 하늘 사이로 먹빛 산들의 그림자가 짙다. 교복 입은 산골 소녀들이 우루루 내려 텅 빈 전차는 이제 더는 급할 것 없다는 듯 느릿느릿 산을 향해 올라간다. 일렁이는 갈대밭 너머 나날이 붉은빛을 더해가는 감나무의 열매들. 바람이 선득해 윗옷을 꺼내 덧입는다.

나는 지금 다테야마-구로베 |立山-黒部| 알펜 루트를 관통하고 있다. '일본알프스'라 불리는 산악 지대를 가로지르는 관광 루트로, 서쪽의 도야마 현 다테야마 정|町|에서 동쪽의 나가노 현 오마치 시|市|를 잇는 전 구간 88.7킬로미터의 길이다. 스위스 융프라우요흐 산악철도보다 다양한 운송 수단을 자랑하는 이 루트는 다테야마 연봉 아래로 펼쳐지는 장대한 풍경을 즐기기 위해 1971년에 완공했다. 급경사철도, 버스, 트롤리버스, 로프웨이, 케이블카, 도보 등 다양한 교통수단으로 아홉 개의 구간을 이동하며 북알프스를 조망할 수 있다.

다테야마 역에 도착해 케이블카를 타고 비조다이라에 내린다. 이곳

다테야마 연봉의 최고봉 오난지야마에 서면 발밑 세상이 아득하다.

에서 버스를 갈아타고 50여 분을 달리니 무로도(室堂) 고원. 해발고도 2450미터로 다테야마-구로베 알펜 루트의 가장 높은 지점이다. 이곳의 단풍은 이미 열흘 전, 9월 중순에 끝났다고 한다. 하지만 절정을 지나 시들어버린 능선의 가을빛이 희미하게나마 갈색과 붉은색, 초록색으로 남아 여전히 마음을 흔든다.

한 시간쯤 걸으니 해발고도 2705미터의 이치노코시 산장. 매점에서 도시락을 사고 두어 발쯤 떼었을까, 비가 쏟아지기 시작한다. 속수무책이다. 일제히 날아온 화살촉처럼 내 몸에 내리꽂히는 빗줄기. 얼마 못 가 옷 속까지 흠뻑 젖고, 손발이 얼 것처럼 차갑게 식어간다. 이곳에서 왼쪽으로 향하면 다테야마의 최고봉 오난지야마(大汝山)로 향하는 길이고, 오른쪽으로 몸을 틀면 오늘의 숙박지인 고시키가하라 산장 방향이다. 오난지야마를 오르려던 계획은 포기하고 바로 산장으로 향한다. 젖은 장갑을 낀 손이 얼어붙고 있다. 이러다 동상에 걸리는 게 아닐까.

안개가 몰려와 시야를 가린다. 길 위에 사람이 없다. 이 큰 산을 비와 바람과 안개가 점령했다. 2348미터의 자라토게를 거쳐 고시키가하라 산장에 도착하니 오후 두시. 버스에서 내린 뒤 꼬박 네 시간을 걸었다. 산장에 손님은 나밖에 없는 것 같다. 거대한 산장 규모에 놀라 시설이 꽤 좋은 줄 알았는데 내부는 역시 산장답게 허름하다. 그래도 이부자리를 갖춘 다다미방이다. 산장지기 두 명이 난로를 피워 젖은 내 옷을 말려주고 따뜻한 녹차를 건네준다. 꽁꽁 언 몸이 스르르 녹아간다. 10월의 첫날부터 이렇게 춥다니, 과연 북알프스다.

잔뜩 기대에 부풀어 찾아왔는데 이럴 수가, 내 여행이 시작부터 기로에 섰다. 부주의와 판단 착오와 나쁜 날씨라는 삼재가 겹쳐서. 이런 처지를 깨닫게 된 것도 산장지기 아저씨가 무심히 건넨 한마디 덕분이다.

"태풍이 오고 있는 이 악천후에 산에 오르다니 대단한 아가씨네."

"네? 태풍요?"

"아니 모르고 온 거예요? 최근 10년 동안 보지 못했던 강한 태풍이 오고 있어요. 앞으로 며칠간 계속되다가 일주일 뒤에야 물러간대요."

망했다. 그것도 제대로. 다테야마에서 가미코치까지 5박 6일간 북알프스를 종주하겠다던 내 원대한 계획이 이렇게 무너지는 걸까. 내 계획을 들은 산장지기들이 바로 나를 말린다.

"말도 안 됩니다. 방수 바지도 없이 걷겠다니. 게다가 이런 날씨에서는 하루 열 시간씩 걷는 계획 자체가 무리입니다. 북알프스를 너무 무시하지 마세요."

순식간에 산행 한 번 안 해본 초보로 몰려 비웃음을 사고 말았다. 9월 말로 문을 닫은 산장이 있어 하루에 아홉 시간 이상 걸어야 하는 날을 이틀이나 잡아놓은 게 패착이었던 걸까. 난로에 장작을 던져 넣던 산장지기 아저씨가 다시 묻는다.

"올 여름에 홋카이도 다이세쓰 산에서 열 명 죽은 거 아십니까?"

"네, 들었어요."

내가 아사히다케를 올랐다 내려온 다음 날이었다. 악천후에 등반하던 등산객들이 저체온증으로 열 명이나 사망하는 사건이 일어났다. 7월의 여름산에서 저체온증이라니. 가이드도 있었는데……. 홋카이도의 다른 도시에서 그 소식을 듣고 얼마나 놀랐던지.

"그 사람들 방수 바지를 안 입어 저체온증으로 사망한 겁니다. 산에 대해 아무것도 모르는 아가씨군요. 일본의 북알프스를 얕보다가는 큰일 납니다."

이 아저씨, 내 옆에 무릎을 꿇고 앉아 꼬박꼬박 존댓말을 써가면서

3000미터급 북알프스 봉우리들마다 구름이 걸려 있다.

조곤조곤 나를 나무라신다.

"북알프스는 올해 9월 13일에 첫눈이 내렸습니다. 이런 악천후 속에서 빈약한 장비로 그런 강행군은 무리예요. 여긴 산악구조대원도 사망하는 곳입니다."

창피하고 당황스러워진 나, 안 하는 게 나을 말을 덧붙이고 만다.

"저도 산이 처음은 아니거든요. 킬리만자로며 에베레스트 겨울 트레킹까지 했다구요."

"아니, 그런 사람이 이렇게 준비도 없이 북알프스에 오십니까? 아무튼 그 계획은 너무 위험합니다."

"혹시 이 근처에 방수 바지를 살 만한 곳은 없나요?"

"당연히 없습니다."

시작부터 이렇게 일이 꼬이다니. 이제 어떻게 해야 할까. 잠시 어딘가 다녀온 산장지기 아저씨가 내게 무언가를 내민다. 비닐도 뜯지 않은 방수 바지다.

"남자용이라 좀 큰 데다 고어텍스가 아니라 품질은 나쁘지만, 그래도 몇 번은 입을 수 있을 거예요. 이거라도 입고 다니십시오. 없는 것보다는 나을 테니까. 그런데 꼭 그 루트로 가야겠습니까?"

"좀 더 생각해볼게요."

북알프스 최고의 전망을 즐기려고 계획했던 산행을 포기해야 한다니, 생각만으로도 가슴이 쓰리다. 창을 흔드는 빗소리와 바람소리는 그런 나를 약 올리는 것만 같다. 이래도 나설 거야? 어디 할 테면 해봐. 멈출 기세라고는 없이 쏟아지는 굵은 비와 몸을 날려버릴 듯 거센 바람. 산장에 이렇게 손님이 없는 이유도 태풍예보 때문에 등산객들이 다 예약을 취소했기 때문이란다.

텔레비전의 일기예보를 보니 정말 그렇다. 내일도 비가 내리고, 모레 하루 갠 후 그 다음 날부터는 계속 비. 날짜 한번 잘 맞췄다. 이제 내일부터의 일정을 어찌해야 하나. 예약해놓은 비행기표는 날짜 변경도 못하니 일찍 내려간들 할 일도 없고. 낙관주의자이기를 열렬히 희망했으나 뼛속 깊이 비관주의자로 태어난 나. 악천후와 빈약한 장비, 소심함의 삼박자가 두루 갖춰졌으니 답은 뻔하다. 그런 생각으로 머릿속이 어지러운데, 산장지기 아저씨가 다시 말을 건다.

"그런데, 아가씨, 학생이십니까?"

나도 모르게 확장되는 안면 근육.

"아뇨, 여행하고 글 쓰는 게 일이에요."

아뿔싸, 산장지기 아저씨는 기다렸다는 듯 말을 받는다.

"제발 북알프스 등산의 어려움에 대해 제대로 써주십시오. 이 코스는 가을에 하지 말고 여름에 하라고 권해주시구요."

다시 얼굴이 붉어지는 나. 또 변명을 늘어놓는다.

"책에는 늘 장비 철저히 챙겨야 한다고 신신당부하곤 하는데, 이번엔 제가 못 챙겨왔네요."

산장에서 일하는 다른 할아버지가 지도와 시간표를 들고 와 대안을 제시해주신다. 케이블카를 타고 이동해서 가미코치에서 야리다케를 오르고 내려와 다시 케이블카를 타고 무로도로 돌아오는 일정이다. 게다가 이 경우에 좋은 점은 마루야마 겐지의 집 부근을 어슬렁거릴 수도 있다는 점이다. 그의 책 『해와 달과 칼』을 읽다가 발견했다.

마루야마 겐지는 내가 가장 좋아하는 일본 소설가다. 그가 소설만 쓰며 살기 위해 들어갔다는 산골 마을 시나노오마치가 구로베 알펜 루트의 코스에 있을 줄이야. 그 근처에도 하이킹 코스가 있는지 여쭈니 산장지기 할아버지, "없어, 아무것도. 마루야마 겐지 상만 있지"라며 웃으신다. 결국 종주를 포기하기로 마음먹는다. 아쉽지만 이런 날씨에 하루 아홉 시간씩 걷지 않아도 돼 다행이라는 생각도 든다.

다섯시에 저녁식사가 나왔다. 고기는 안 먹는다고 미리 말씀드렸더니 새우튀김을 준비해주셨다. 나물 반찬 세 가지와 된장국을 찬으로 깨끗하게 밥을 비운다. 일본에서 밥을 먹을 때면 음식을 남기는 법이 없다. 내가 처음 일본에 왔을 때는 음식 양이 너무 적어서 주문이 뭔가 잘못된 줄 알았다. 뒤에 더 나오는 게 있겠거니 하고 기다려도 봤지만, 늘 그게 전부였다. 무엇 하나 더 달라고 할 수도 없는 문화여서, 주어진 밥과 반찬으로 남김없이 다 먹는 버릇이 자연스레 생겼다고나 할까. 한국에서처럼 반찬을 가려가며 먹는다면 밥 한 그릇을 다 비울 수 없으니까.

비는 아직도 내리고 있다. 내일도 악천후 속에서 걷게 된다 해도 지금 이 순간만은 더할 나위 없이 좋다. 젖은 옷과 신발이 난롯가에서 말라가고, 배는 부르고, 따뜻한 녹차를 마시며 책을 읽고 있으니. 그것도 산장을 통째로 전세 내서. 비 내리는 가을 산의 밤이 깊어가고 있다. 사방에 빗소리만 가득할 뿐, 고요하다. 평화가 강물처럼 번져가는 밤이다.

태풍이 허락하지 않은 종주, 그래도 산행은 계속되고

눈을 뜨니 여전히 비가 내리고 있다. 짐을 꾸려 내려가자, 산장지기 아저씨가 묻는다.

"그래, 일정은 정했나요?"

"네, 쓰루기다케를 오르려구요."

"종주는 포기한 건가요?"

"네, 더 이상 걱정 안 하셔도 돼요."

교통체증에 시달리며 바윗길을 올라 다다랐던 오야마 산 정상

"그거 다행이네요."

활짝 웃는 아저씨. 시신 수습할 각오를 하고 있다가 안도하는 듯한 표정이다.

새벽 여섯시를 조금 넘겨 산장을 나선다. 옷은 다 말랐는데 신발은 여전히 척척하다. 트레킹 할 때 제일 기분 나쁜 게 젖은 신발 신고 걷는 일 아닐까? 그래도 오늘은 산장지기 아저씨가 준 방수 바지가 있어 그나마 다행이다.

자라토게를 지난 후부터 믿을 수 없을 만큼 가파른 길이 계속 이어진다. 한 시간 동안이나. 시시다케를 지나니 바윗길의 시작이다. 세 시간 후 이치노코시 산장 도착. 처음으로 푸른 하늘이 나왔다. 반갑고 기쁘다. 오야마 산으로 방향을 트니 책에서 본 그 유명한 교통체증이 시작됐다. 가파른 바윗길을 줄을 서서 올라가야 한다. 40분 남짓 쉬지 않고 걸으니 마침내 3003미터의 오야마 산 정상. 이곳에서 내려다보는 전망은 가히 압권이다. 발밑으로 구름에 휩싸인 봉우리들이 끝없이 늘어서 있다. 3000미터급 산이 없는 한반도가 새삼 안쓰럽게 느껴질 정도다.

아쉬움에 머뭇거려지는 발길을 돌려 이보다 12미터 더 높은 오난지야마로 향한다. 명산 다테야마는 오야마|雄山|, 조도산|淨土山|, 베쓰잔|別山| 등으로 이루어진 산맥의 총칭으로 최고봉이 바로 오난지야마다. 예부터 수행자의 산악 도장으로 유명한 오난지야마에는 이런 전설이 전해진다. 서기 701년, 도야마에 살던 사에키 아리요리라는 사냥꾼이 곰 사냥에 나섰다. 사냥꾼의 화살을 맞은 곰이 산으로 도망쳤고, 핏자국을 쫓아 사에키는 점점 더 깊은 산속으로 들어선다. 마침내 그 누구도 와본 적 없는 무로도 평원에 다다른 사에키. 곰의 목숨을 끊을 결정적인 화살을 쏘려던 찰나, 곰이 그의 눈앞에서 금빛 부처로 변했다. 사에키는 그 자리에서 무릎을 꿇고 불자가 된 후 무로도와 다테야마 주변을 수행자들을 위한 터전으로 닦는 데 남은 생을 바쳤다. 그 이후 다테야마는 후지산, 하쿠산과 더불어 일본의 3대 신성한 산이 되었다.

오난지야마의 발밑으로는 가파른 봉우리들과 거대한 분화구들이 펼쳐진다. 북쪽으로는 성격 까칠한 여인의 얼굴 같은 쓰루기다케|劍岳| 가 솟아 있다. 멀리 동쪽으로는 구로베 댐과 호수가 눈에 들어온다. 그 다음으로는 베쓰잔(2874미터)이 기다리고 있다. 왼쪽으로 깊은 계곡 아래 연기를 내뿜는 온천과 색 고운 벌판. 오른쪽은 가파른 바위산들. 비가 그치고 나니 바람이 차가워졌다. 이곳에서 사이타마에서 온 마쓰다 테쓰 군을 만나 같이 걸어간다. 그도 쓰루기다케를 오르기 위해 왔단다. 우리가 내일 오르려고 하는 2998미터의 쓰루기다케는 산이 많은 일본에서도 험하기로 손꼽히는 봉우리다. 수직 절벽에 가까운 바위벽을 철

겐잔소로 향하는 길을 걷고 있는 테쓰 군의 뒷모습

심과 쇠줄에 의지해 올라야 하는 구간이 있어 종종 추락 사고가 일어나기도 한다. 내가 들고 다니는 영문 가이드북에도 "일본 친구들에게 쓰루기다케에 올랐다고 말하는 순간, 평생 존경 어린 시선을 받게 될 것"이라는 구절이 쓰여 있을 정도다. 테쓰 군도 쓰루기다케를 오른 적이 없어 좀 두렵다며 웃는다. 공업용 테이프를 만드는 공장에서 일하는 그는 올해 스물아홉 살인데 벌써 여덟 살, 여섯 살 난 아들과 딸이 있다고 한다.

"도대체 몇 살에 결혼한 거예요?"

"스무 살에 했으니 엄청 일찍 했죠? 그런데 3년 전에 이혼했어요. 지금은 아이들을 데리고 부모님과 함께 살아요. 우리 애들 사진 볼래요?"

휴대전화 안에 저장된 사진을 들여다보니 산마루에서 승리의 브이 자를 그리며 귀여운 남매가 웃고 있다.

"아이들하고 산에도 같이 다녀요? 애들이 안 힘들어 해요?"

"네다섯 시간 정도는 칭얼대지도 않고 잘 걸어요."

"하긴 아직은 아빠하고 어디든 가고 싶어 할 나이죠."

어느 선배에게서 들은 이야기가 있다. 그 선배의 유일한 낙은 주말에 아들과 함께 산에 다니는 것. 어느 주말, 변함없이 짐을 챙기고 있자니 열다섯 살 된 아들이 다가와 부르더란다. "아버지." 처음으로 아버지라 불린 감동이 식기도 전에 아들이 하는 말.

"지난 15년간 함께 가드렸으니 충분하지 않나요? 이제부터는 혼자 좀 다니세요."

그 이야기를 테쓰에게 전하니 그가 말한다.

"사실 나도 아이들이 좀 더 자라면 그런 이야기를 할까 봐 무서워요. 그게 쓰루기다케보다 더 무섭다니까요."

테쓰와 이런 이야기를 나누며 걷는 사이 어느새 산장 겐잔소에 도착했다. 귀엽게 생긴 청년 둘이 큰소리로 인사를 건네며 맞아준다. 아니, 첩첩 산골의 산장에서 꽃미남 마케팅? 게다가 이 산장의 시설은 보통이 아니다. 해발고도 2475미터 고지에 자리 잡은 산장에 뜨거운 물이 펑펑 쏟아지는 샤워실(남녀 따로 3인씩)도 있으니! 믿기지 않는 호사다. 8인용 방도 너무나 깔끔하다. 알고 보니 2년 전에 생긴 이 산장은 북알프스에서도 시설 좋기로 유명하단다. 어제 머문 산장이 여인숙이라면 오늘은 5성급 호텔.

몸을 씻고 나오니 테쓰는 식당에 앉아 두 번째 맥주 캔을 비우고 있다. 식당에 비치된 『일본의 100대 명산』이라는 책을 함께 들여다본다. 쓰루기다케의 험악한 절벽 사진이 나오자 테쓰가 말한다.

"나, 사실은 떨고 있어. 나 좀 안심시켜주라."

"걱정 마, 내가 지켜줄게."

실없는 농담을 주고받는 동안 저녁 식사 시간이 되었다. 메뉴는 함박 스테이크와 새우튀김 한 개와 고등어구이 한 토막. 테쓰가 새우튀김과 고등어를 내게 양보한다. 나는 답례로 함박 스테이크를 건네고.

저녁 노을을 보기 위해 테쓰와 함께 산장 뒤 언덕에 올랐다. 구름이 몰려와 붉은 노을은 보이지 않는다. 차가운 바람이 멀리서 불어온다. 오늘이 추석인데 보름달이 뜨기 전에 잠들어버릴 것 같다. 이 산에서 달을 볼 수 있다면 하이쿠 한 편 정도는 가뿐히 지을 텐데…….

지옥의 쓰루기, 그 성난 얼굴을 보러

보름달을 보러 가야지, 별빛을 보러 나가야지…… 생각은 간절했으나 끝내 무거운 몸의 무게를 이기지 못했다. 아래층 언니의 이빨 가는 소리에 흠칫흠칫 놀라다 자정이 다 되어 겨우 잠들었는데, 그 언니가 새벽 네시에 일어나 짐을 싸는 바람에 결국 나도 깨고 말았다. 코를 골거나 이빨을 가는 사람들은 어쩌면 하나같이 일찍 잠들고 일찍 일어나 이래저래 사람을 힘겹게 하는 걸까.

오늘은 날씨가 맑을 거라고 모두들 기대에 들떠 있다. 아침 식사를 기다리면서 보니 사람들은 대부분 아침을 도시락으로 싸들고 가 정상에서 먹는단다. 이럴 줄 알았으면 나도 그렇게 할걸. 결국 테쓰는 일찍 떠나고, 나는 다섯시 반에 시작되는 아침 식사를 하느라 뒤늦게 출발하게 됐다. 짐을 산장에 맡겨놓고 가벼운 몸으로 오르면 왕복 네 시간이 걸린다는 쓰루기다케. 사다리와 체인으로 줄줄이 이어져 '지옥의 쓰루기'라 불린다는 그 봉우리는 정말 성난 얼굴을 하고 있을까.

날씨는 눈이 부시도록 화창하다. 숙소 뒤로 난 가파른 길을 오른 지

'지옥의 쓰루기다케'라 불리는 산답게 쇠줄에 의지해 가파른 절벽을 올라야 한다.

얼마 안 되어 산 너머로 해가 솟아오른다. 산들에 가로막혀 그리 장엄하진 않지만 그래도 오랜만에 보는 해돋이라 멈춰 서서 해를 맞았다. 이어지는 두 시간의 산행. 첫 번째 봉우리 마에쓰루기를 오를 때까지는 몰랐는데 그 다음부터 길이 정말 가팔라진다. 게다가 쇠줄에 의지해 바위 절벽을 가로지르거나 쇠심을 밟으며 수직으로 기어올라야 한다. 가끔 추락의 공포가 휙휙 지나간다. 혼자라서 더 그런 걸까? 테쓰의 존재가 아쉽다. 정상을 15분 정도 남겨놓았을 때 내려오는 테쓰와 마주쳤다. 그는 네시 반에 산장을 나섰단다.

"어때, 정말 무서웠어?"

"뭐, 조금."

"근데 나는 생각보다 무섭네."

"이제 어려운 구간은 다 끝났어. 금세 정상이야."

"고마워. 조심해서 내려가."

"응, 너도. 안녕."

테쓰와 헤어지고 나니 연락처도 주고받지 않은 게 아쉽다. 착하고 재미있는 친구였는데…….

두 시간 후, 드디어 정상이다. 날이 맑아 거치는 것 없이 아득하게 한눈에 들어온다. 겹겹이 늘어선 높은 산들의 그림자도, 그 너머 멀리 도시의 모습도. 내가 넘어온 능선의 바위벽들이 아침 햇살을 하얗게 튕겨낸다. 구름 한 점 걸리지 않은 산들의 어깨가 바람을 맞받아치고 있다.

지난 밤 내게 불면의 고통을 선사한 언니를 정상에서 만났다. 느긋하게 도시락을 먹고 있다. 도시락이 없는 나는 정상 주위를 잠시 둘러본 후 하산을 시작한다. 이빨 언니의 뒤를 따라서. 바위 위에 노란색 화살표로 간혹 길 표시가 되어 있지만 그래도 누군가의 뒤를 따르니 더 편

단풍이 이미 지나간 다테야마지만 무로도 주변은 가을빛의 잔영이 남아 아직 화려하다.

하다. 한 시간 반 후 겐잔소에 도착. 짐을 챙겨 들고 다시 길을 나선다.

　무로도를 향해 어제 내려온 길을 되짚어 올라간다. 바위투성이 길을 꼬박 한 시간가량 오르니 삼거리. 쓰루기고젠고야 산장에서 잠시 숨을 돌린 후 다시 걷는다. 쓰루기다케를 오를 때 무릎을 부딪혔는지 오른쪽 무릎이 쑤신다. 평지를 걸을 땐 괜찮은데 내리막이나 오르막에서는 뾰족한 유리조각으로 찌르는 것 같다. 이래서야 앞으로의 산행을 무사히 마칠 수 있을까? 아까 삼거리의 산장에서 내려다볼 때는 무로도가 손에 잡힐 듯 가깝게 보이더니 내리막은 끝이 없다.

　한 시간 반 남짓 걸어서 바닥까지 내려오니 라이초자와. 이제 지고쿠

다니|地獄谷|로 이어지는 길이다. 쉿쉿 소리를 내며 끓어오르는 유황 온천과 자욱한 연기, 톡 쏘는 냄새가 지옥을 연상시켜서 붙은 이름이다. 풀 한 포기 없는 회갈색 계곡의 삭막함이 묘한 아름다움으로 다가온다. 미쿠리가 연못을 거치니 이제 무로도 터미널이 지척이다. 그래서인지 이 길은 관광객으로 가득 찼다. 구로베 알펜 루트를 즐기기 위해 케이블카와 버스를 타고 올라온 관광객들. 태양은 뜨겁고, 무릎은 콕콕 쑤셔대고, 어깨는 내려앉고, 단체로 밀려온 관광객들 물결에 휩쓸리니 쓸쓸하기까지 하다.

무로도에서 트롤리버스를 타고 터널을 거쳐 10분쯤 달린 후 케이블카를 두 번 갈아타고 구로베코 호수에 내렸다. 정면에 보이는 구로베 댐까지는 걸어서 15분 남짓. 해발 1479미터에 건설된 이 댐은 일본에서 가장 큰 수력발전 댐으로 높이 186미터, 길이 492미터, 댐의 만수위가 186미터에 이르는 어마어마한 규모다.

댐을 둘러본 후 트롤리버스 정거장으로 간다. 서울을 떠나기 전에 지인에게 얻은 구로베 알펜 루트 왕복 티켓은 구로베 댐까지만 쓸 수 있다. 이곳에서 오기사와를 거쳐 시나노오마치까지 가려면 표를 다시 끊어야 한다. 이 길로 다시 돌아올 생각은 말아야겠다. 시간도 너무 많이 걸리고 계속 갈아타야 하는 데다 사람은 왜 이리 많은지. 이 광대한 구간을 시험 전날 전 과목 벼락치기하듯 둘러보는 건 별 의미가 없는 것 같다. 튼튼한 두 다리가 장식품도 아닌데.

이제부터 뭘 해야 할까. 근처의 도시 마쓰모토에서 하루쯤 쉬고 가미코치로 건너가 야리다케를 오를까. 도쿄로 건너가 친구 마미코 집에서 며칠 쉬고 돌아올까. 다테야마에 오기 전 도야마에 남겨놓은 짐이 골칫거리가 되어버렸다. 다테야마부터 가미코치까지 종주한다고 5박 6일의 일정을 세워놓았는데, 이렇게 중도 하산을 했으니 3박 4일이 허공에 뜬 셈이다. 솔직히 지금 상태로는 산에 오르고 싶지 않다. 친구들이 그립고, 산이 아닌 평지를 걷고 싶다. 내가 왜 이렇게 약해졌을까. 겨우 2박 3일을 산에 있었을 뿐인데 힘든 산행을 겁내다니……. 이런저런 생각으로 앉아 있다가 시나노오마치 역에 내린다.

소설가 마루야마 겐지가 살고 있는 마을. 해발고도 700미터라니 평창과 비슷한 고도다. 주변이 산으로 둘러싸여 있다. 생각보다 규모가 크다. 동네를 어슬렁거리다가 겐지 상과 마주칠 수 있는 수준이 아니다. 은둔해 사는 소설가를 만난다 한들 또 무슨 이야기를 나눌 수 있을까. 이로써 미약한 희망마저 깨끗이 포기한다. 결국 마쓰모토에 숙소를 예약하고 기차에 오른다. 도쿄로 갈지는 오늘 밤에 좀 더 차분히 생각해보자.

지고쿠다니. 펄펄 끓는 유황 온천과 솟구치는 연기가 그 이름처럼 지옥을 연상시킨다.

가진 것이라곤 하나,
나의 생은 가벼운 조롱박 — 바쇼

ものひとつ我が世は輕き瓢哉

우연히 만나 사랑에 빠진 도시
마쓰모토

세상에는 가끔 기적이 일어난다. 오늘 나가노 현 마쓰모토 역에서 내게 일어난 일처럼. 에스컬레이터를 타고 내려가는데, 올라가는 옆 에스컬레이터에 서 있는 남자, 어디선가 많이 본 얼굴이다. '신이치 선생님과 비슷하게 생겼네'라고 생각하는 순간, 바로 그분임을 깨닫고 소리 질렀다.

"선생니~임!"

그 또한 나를 보고 믿을 수 없다는 표정을 짓는다. 역시 신이치 선생님이다. 나는 곧 에스컬레이터를 타고 방금 빠져나온 역 광장으로 올라갔다. 우리는 역 한가운데서 포옹하며 이 믿을 수 없는 만남을 즐겼다.

쓰지 신이치 선생님과의 인연은 2008년 '피스 앤드 그린 보트'에서 시작되었다. 문화인류학자이자 환경·평화운동가인 선생님은 일본의 환경운동단체 '나마케모노 클럽(나무늘보 클럽)'의 대표이며, 느리고 지속가능한 삶의 방식을 실천하고 있는 분이다.

도쿄나 요코하마가 아닌 마쓰모토 역에서 신이치 선생님과 마주치다

보름달 빛을 받아 환하게 빛나는 마쓰모토 성

니. 한국에서 건너온 나와 요코하마에 사는 선생님이 마쓰모토에서 마주칠 확률은 로또 당첨 확률만큼이나 낮지 않을까. 우리를 바라보며 웃고 있는 두 사람이 뒤늦게 눈에 들어온다.

"남희, 이쪽은 내 동생 슌스케와 그의 처 아코."

"이쪽은 내가 계속 얘기하던 한국인 남희."

선생님은 역에 오기 전까지 동생 부부에게 계속 내 이야기를 하고 계셨단다. 그런데 역에서 나를 만났으니 더 놀라울 수밖에.

"그런데 여긴 어쩐 일이세요?"

"마쓰모토에서 열리는 강의를 들으러 온 김에 여기 사는 동생 부부를 만났지. 기차 시간 때문에 길게 이야기할 수가 없네. 슌스케, 남희를 잘 부탁해."

요코하마로 돌아가야 하는 선생님이 나를 동생 부부에게 인계(?)한다. 그들의 차를 타고 예약한 숙소로 가서 짐을 내려놓고 다시 차에 오른다. 마쓰모토 성에서 열리는 보름달 축제를 보러 가려고.

한껏 부풀어 오른 붉은 달이 하늘에 떠 있다. 정원에서 말차를 마시고 있자니 음악이 들려온다. 성의 이층 누각에서 연주하는 전통 음악이다. 누각의 이름은 달맞이 전망대. 달빛은 교교하고, 해자를 두른 성은 우아하다. 성 주변을 거닐며 사진을 찍을 때 두 사람은 무거운 철제 벤치를 삼각대로 쓰라고 옮겨다 준다. 성의 아름다움에 감탄하는 내게 슌스케 상이 말한다.

"마쓰모토는 새 무사정권이 들어설 때마다 재빨리 머리를 숙이고 항복했답니다. 덕분에 심한 전쟁을 겪지 않아 이렇게 성이 살아남은 거죠. 예부터 헌법 9조의 정신을 지켜온 곳이랄까요."

그가 농담처럼 마지막에 덧붙인 '헌법 9조 정신'이라는 말에 웃음이 터진다. 흔히 평화헌법으로 불리는 일본 헌법 9조는 1946년 11월에 공포되어 2010년 6월 현재까지 한 번도 개정한 적이 없다.

"일본 국민은 정의와 질서를 기조로 하는 국제 평화를 성실히 희구하고, 국제분쟁을 해결하는 수단으로서 국권의 발동에 의거한 전쟁 및 무력에 의한 위협 또는 무력의 행사를 영구히 포기한다. 이러한 목적을 성취하기 위하여 육해공군 및 그 이외의 어떠한 전력도 보유하지 않는다. 국가의 교전권 역시 인정하지 않는다."

이 헌법 9조는 동아시아의 평화에 암묵적인 역할을 해왔다. 아베 정권 당시 헌법 9조를 개정하려는 우익의 열망이 커졌는데, 민주당 정권이 들어선 후 상황은 다시 변했다. 2010년 4월 《아사히 신문》에서 실시한 전화 여론조사 결과에서는 응답자 가운데 67퍼센트가 "9조를 고치지 않는 게 좋다"라고 대답해 "고치는 게 좋다"라는 응답 24퍼센트를 크게 앞질렀다.

어쨌든 나는 지금 헌법 9조의 정신을 오랫동안 지켜왔다는 마쓰모토 성에서 평화롭게 달맞이를 즐기고 있다. 성을 나와 두 사람이 즐겨 가는 재즈 카페에서 음악을 들으며 맛있는 이탈리아 음식을 맛본다.

"아내는 이렇게 훌륭한 재즈 카페를 이탈리아 음식점으로만 이용한다니까요."

그 농담이 이해될 만큼 음식이 맛있다. 인생이 그렇듯 여행에도 늘 반전이 따르기 마련이다. 낯설기만 했던 도시 마쓰모토가 이렇게 내게 미소를 건넨다.

20년 묵은 피로를 풀다

내가 사랑하는 도시의 조건은 이렇다. 옛것과 새것이 조화를 이루는 곳. 산으로 둘러싸인 곳. 걸어서 다닐 수 있는 규모. 너무 번잡하지도 너무 적막하지도 않은 분위기. 도시로서의 편리함을 갖추었지만 미적 품격도 느껴지는 곳. 지금 머물고 있는 도시 마쓰모토는 그 모든 조건에 딱 들어맞는다.

이 도시는 동서남북이 모두 산에 둘러싸였다. 도시를 걷다가 눈을 들면 어디서나 산이 내려다보고 있다. 전선조차 보이지 않는 옛 상점가 나카마치도리가 있고, 400년 된 목조 성이 도시 중심에 근사하게 서 있다. 그리 번잡스럽거나 요란한 느낌을 주지 않으면서 도시의 기능은 살아 있는 듯하다. 박물관과 미술관이 곳곳에 눈에 띈다. 강변을 따라 도시의 끝에서 다른 쪽 끝까지 걸어서 둘러볼 수 있다. 몸과 마음이 느긋해지는, 비싸지 않으면서 아늑한 숙소가 있어야 한다는 조건마저 충족시킨다. 나는 금세 이 도시가 좋아졌다. 도시에 별 매력을 느끼지 못하는 내가 처음 발견한 일본의 사랑스러운 도시다.

아침 일찍 숙소를 나서 강변길을 따라 걷는다. 아직 문을 열지 않은 강변의 작은 가게들을 지나 다리를 건너 천천히 강을 거슬러 올라간다. 강변이 단조롭게 느껴질 무렵, 마쓰모토 성으로 향한다.

400년을 견뎌온 마쓰모토 성 천수각의 마룻바닥은 차고, 매끄럽고, 모든 것을 다 비출 듯 윤이 난다. 세월과 더불어 곱게 늙어온 나무에 손을 대고 가만히 어루만져본다. 군사 방어용으로 지어진 건물치고는 너무 아름답지 않은가. 16세기에 지어져 일본의 국보로 지정된 이 성은 규모는 크지 않지만 매우 인상적이다. 까마귀가 날개를 펼친 듯한 모양새여서 까마귀 성으로 불리기도 한다. 성 주변을 느긋이 거닐다 숙소로 돌아온다.

내가 머물고 있는 마루모 료칸은 마쓰모토에서 꽤 유명한 곳이다.

1868년에 지어진 목조 건물로, 매력적인 전통 료칸이다. 방이 좀 작고 공용 화장실을 사용해야 한다는 단점이 있지만, 가격이 적당하고 나카마치도리라는 위치도 편리하다. 이 여관이 품고 있는 가장 아름다운 선물은 여관에 딸린 카페다. 카페는 마쓰모토 전통 민예품으로 꾸민 분위기가 세련되면서도 아늑하다. 고풍스러운 한편 은근한 멋이 풍긴다고나 할까.

이곳 카페에서 슌스케 상 부부를 만나 나카마치도리의 밤과자 전문점으로 간다. 깔끔하고 맛있는 야채 정식으로 점심을 먹고, 민예운동의 본거지 중 하나였다는 커피숍으로 가 차를 마셨다. 산행의 후유증인지 무릎이 쑤시고 근육통이 심해져 피곤하다고 말하니 그가 당장 집으로 가자고 한다.

그리고 보니 신이치 선생님이 동생을 소개할 때 '치료사'라고 말한 게 떠올랐다. 기 치료와 정골요법 등을 공부하면서 동양 의학에 몰두하게 된 남편과 서양 의학을 전공한 아내. 두 사람의 꿈은 동서양 의학의 지혜를 모아 작은 대안치료 센터를 짓는 것이라고 했다. 그런 두 사람이 내 몸을 봐주겠다고 하니 안심이 될 수밖에.

시내에서 20여 분 떨어진 두 사람의 작은 맨션으로 가 슌스케 상에게 치료를 받는다. 지압과 경락을 섞은 듯한 마사지를 해주던 그가 한숨을 내쉰다. 내 몸의 피로는 20년은 쌓인 듯한 엄청난 피로란다. 신이치 선생님처럼, 목표를 정하면 쉬지 않고 계속 전진하며 살아온 사람의 몸이란다. 그런 사람들의 몸은 이렇게 굳어 있는 경우가 많다고. 그는 내게 근육 스트레칭을 자주 하고 푹 쉬어주라고 당부한다. 소화기관도 20퍼센트밖에 기능을 못 하니 가끔 단식을 하라고 한다. 내 몸에는 고기가 맞지 않으니 잘 끊었다는 말과 함께.

여행이 서로 다른 문화적 차이를 받아들이는 일이기 때문에 그로 인한 스트레스도 크다는 말에 공감이 갔다. 대부분의 여행지에서 혼자인 나는 늘 긴장한 상태였고, 신경이 예민한 탓에 낯선 환경에 적응하기까지 남들보다 더 긴 시간이 걸렸다. 내 여행이 한 곳에 오래 머물며 느린 속도로 흘러가는 데에는 그렇게 예민한 몸의 적응이라는 이유도 있었던 것이다. 비명을 질러대며 꽤 긴 시간 동안 치료를 받았다. 15분쯤 잠들었다 일어나니 몸이 한결 가벼워지고 기분마저 개운해졌다.

그사이 아코 상이 차려낸 신선한 야채와 두부로 맛있는 저녁을 먹고 차를 마신다. 15년째 변함없는 인기를 구가하고 있는 기무라 다쿠야 이야기(그는 남자들의 역할 모델이자 쿨한 남자의 전형이란다)를 하다가 한국에서는 누가 가장 인기 있느냐는 질문을 받았는데 쉽게 떠오르는 배우가 없다. 그 정도의 카리스마를 지니고 지속적인 인기를 얻는 사람이 우리에게는 없는 걸까? 늦은 밤, 두 사람의 배웅을 받으며 숙소로 돌아가는 길, 더 이상 마쓰모토의 밤이 낯설지 않다.

마쓰모토 민예관에서 야나기 무네요시를 생각하다

비가 내린다. 여관의 카페에서 모닝 세트로 아침을 먹으며 엽서를 쓴다. 생각해보니 일본을 여행할 때면 늘 물가 부담이 앞서 일정을 빽빽하게 짜놓고 움직였다. 작은 도시에 머물며 이렇게 느긋이 책을 읽고, 엽서를 쓰고, 목적지 없는 산책을 하는 건 내가 가장 좋아하는 일인데도 일본에서는 엄두도 내지 못했다. 아무리 아껴도 하루 경비가 10만 원이 훌쩍 넘으니 그 돈이 부담스러워 쉰다는 생각을 할 수가 없었다. 다테야마 종주를 포기한 덕분에 이렇듯 여유로운 시간을 보내게 되었으니 이 또한 나쁘지 않다.

마쓰모토의 사랑스러운 거리 나카마치도리

조선 시대의 공예품이 가득한 마쓰모토 민예관

카페에서 책을 읽으며 쉬다가 이슬비 내리는 거리를 걸어 마쓰모토 민예관으로 향한다. '민중적 공예'라는 의미로 '민예'라는 단어를 처음 만든 야나기 무네요시柳宗悅(1889~1961)를 떠올리며.

일본 민예운동의 창시자인 야나기는 조선의 민예품을 조선 사람들보다 더 사랑했던 사람이다. 그는 1916년에 처음 조선을 여행한 이후 스물한 차례나 더 방문해 조선의 민예품을 수집하며 그 아름다움에 빠져들었다. 그의 조선 사랑은 민예뿐 아니라 그 산하의 사람들에게도 이어져 3·1 독립운동에 대한 일본 정부의 진압에 항의해 〈조선인을 생각한다〉라는 글을 《요미우리》에 발표하기도 했다. 또 광화문을 헐려는 총독부의 결정에 반대해 〈사라지려 하는 한 조선 건축을 위하여〉라는 글을 써 항의하기도 했다. 결국 그의 노력에 힘입어 광화문은 자리만 이전해

(물론 야나기는 이전조차 반대했다) 최소한 원형만이라도 보존할 수 있게 되었다.

민예운동이 일어났던 도시답게 마쓰모토 민예관 전시품의 3분의 1 정도가 한국의 목공예 가구와 도자기들이다. 조선의 백자와 달항아리를 이곳에서 들여다보고 있자니 뭐라 말할 수 없는 복잡한 감정이 치민다. 한국 사람이라면 누구나 이곳에 전시된 물건들 중에서 조선의 민예품을 한눈에 골라낼 수 있을 것이다. 설명문이나 도록 따위를 보지 않고도. 우리의 민예품은 그만큼 일본의 것들과 다르다. 간결하고 담백한 모양새와 색을 지녔다. 불필요한 장식이나 과한 문양이 없고 질박하면서도 고상한 기운이 자연스레 우러난다. 일상의 물건 그대로인 탓에 실용적이면서도 보기에 좋은 미덕까지 갖추었다. 한마디로 그것을 만든 이의 검소하고 소박한 기운이 그대로 드러난다.

야나기는 분명 조선의 공예품들의 아름다움을 찾아낸 빼어난 눈을 가지고 있었지만, 식민지 지배자의 눈에서 자유롭지 못했다는 평을 듣기도 한다. 예를 들면 그가 쓴 이런 글에서.

"중국이나 일본에서 발달한 우와에 수법이 도자기의 시대였던 조선시대에 전혀 채용되지 않았던 것은 어떤 연유에서일까. 조선인들이 색채를 즐길 만한 마음의 여유가 없었기 때문일 것이다. …… 만든 이의 마음에 흐르고 있는 쓸쓸한 감정을 떠올리지 않을 수 없다."

이런 식의 관점은 그야말로 피지배자를 바라보는 연민의 시선이 아닐까. 그는 조선 민예품의 본질을 '비애의 미'라고 정의했다는데 나는 동의하고 싶지 않다.

"미의 세계야말로 국경을 벗어나고 개인 간의 차이를 소멸시킨다고 생각한다. …… 아름다움이야말로 평화를 약속하는 커다란 힘이다. 아름다운 물건은 사람들의 분쟁을 진정시킨다. 함께 흥분하고 감탄하고 존경할 수 있다. 아름다움에는 국경이 없다. 있다고 해도 국경을 초월한 요소가 강하다."

이 대목에서 결정적으로 나는 그에게 실망했다. 아름다움이 때로는 평화를 깨기도 하는 것을 그는 몰랐을까. 정치적 힘이 없다면 자신이 가진 아름다움조차 지킬 수 없음을, 시대와 장소를 막론하고 아름다운 것들은 늘 정치적 힘을 가진 이들에게 강탈되었음을 그가 모르지 않았을 텐데 어찌 이런 순진한 이야기를 늘어놓았을까. 그는 일본에 남아 있는 왜란과 재란, 식민 지배의 증거물들을 대할 때, 그것들이 과연 국경을 초월해 서로를 감탄시키는 순수한 아름다움이라고만 생각했을까.

"민족이나 자연과 밀접한 관계를 지닌 조선의 작품은 영원히 조선 사람들 속에 두지 않으면 안 된다. 그 땅에서 태어나고 만들어진 것은 그 땅으로 돌아가는 것이 당연할 것이다."

이런 말과 함께 경복궁에 조선민족미술관을 설립했던 그가 조선인의 의지와 관계없이 빼앗겨 일본 땅에 남아 있는 수많은 조선 민예품들을 보며 어떤 생각을 품었을까.

물론 야나기의 빼어난 안목이나 업적 자체를 무시할 수는 없다. 어쩌면 우리보다 더 우리 것을 사랑했고 우리보다 더 깊이 우리 것의 아름다움을 볼 줄 알았던 야나기. 마쓰모토에서 다시 만나는 야나기의 흔적이 기쁘면서도 서글프고, 고마우면서도 안타깝다.

민예관에서 느린 시간을 보낸 후 나카마치도리를 거닐며 민예 가구점들을 둘러본다. 단순하면서도 우아한 선과 빼어난 기능성이 마음에 쏙 든다. 물론 예상대로 가격은 어마어마하다. 마쓰모토는 일본 목가구의 본고장이라고 할 수 있는 곳이다. 놀랍게도 이곳에는 조선 목가구를 원형 그대로 복원하는 가게도 있다고 한다. 그래서인지 나카마치도리의 작은 공방이나 가게의 목공예품도 전반적인 수준이 빼어나지만 역시 살 수 있는 가격대의 물건은 거의 없다. 그저 눈의 호사를 즐길 수밖에.

오후에 다시 슌스케 상을 만나 아리다케의 발치에 자리 잡은 '요조엔'에 갔다. 신이치 선생님의 지인이기도 한 호타카 상(티베트를 위해 총을 들고 싸우기도 했던 승려란다)이 세운 이 건강 센터는 아코 상이 일주일에 한 번씩 일하는 곳이기도 하다.

깊은 산 속의 힐링 센터에서 명상과 요가를 하며 유기농 야채와 곡물로 만든 매크로바이오틱 음식을 즐기는 이곳은 도쿄나 오사카의 전문직 여성들에게 특히 인기가 많다고 한다. 언젠가 나도 이곳에서 며칠 머무를 수 있는 기회가 온다면 좋겠다.

깊은 숲 속에 자리잡은 힐링 센터 요조엔의, 나무로 만든 카페

그가 한 마디, 내가 한 마디,
가을은 깊어가고 —교시

彼一語我一語秋深みかも

에도 시대 나그네가 되어 찾아간 역참 마을
쓰마고와 마고메

　　　　　　　　　　　이 나라를 여행하는 일은 여행과 일상 사이에 머무는 것 같다. 이곳에서 나는 이방인이 아니다. 내 생김새가 이곳 사람들과 똑같기에 사람들은 내게 관심을 갖지 않는다. 어쩌면 이 나라는 누구의 관심도 받지 않고 완벽하게 익명의 존재로 남을 수 있는 곳인지도 모른다. 이곳은 음식도, 정서도 우리와 비슷하다. 그래서 여행을 떠나와도 익숙한 것들과 완전히 이별해야 하는 부담이 없다. 단지 내가 떠나온 곳보다 작게 말하고, 좀 더 자주 '미안합니다', '실례합니다'를 말해야 한다는 점이 다를 뿐.
　하지만 이 모든 무관심과 격리, 익명의 존재가 쓸쓸해질 때면 입을 열기만 하면 된다. 말을 하는 그 순간, 나는 '외국인'이 되기에 이들의 환대와 관심을 받을 수 있다. '배용준과 이병헌'의 나라에서 왔다는 이유만으로도. 이 나라에서는 익명의 여행자로 머물고 싶다는 욕망도, 이방인으로서 눈길을 받고 싶은 욕망도 모두 채울 수 있다. 낯설면서도 익숙한 것들 사이의 변주를 즐길 수 있는 곳. 여행지와 일상 사이의 간

세월을 거슬러 에도 시대로 돌아간 듯한 쓰마고 마을

극을 자유롭게 오갈 수 있는 곳. 숨어들기와 드러내기를 조절할 수 있는 곳. 어쩌면 여행지로서 일본이 지닌 특별한 미덕인지도 모른다.

나는 지금 익명의 한 존재가 되어 나라이로 가는 기차에 몸을 실었다. 나가노 현의 남서쪽에 자리 잡은 깊은 산골 기소|木曽| 계곡으로 가는 길.

수백 년 전 에도 시대(1603~1867), 쇼군이 살던 에도(도쿄)와 지방 마을을 연결하는 도로들이 있었다. 대표적인 길은 교토와 도쿄를 연결하는 '도카이도(東海道, 동쪽 바다의 길)'와 '나카센도(中山道, 중부 산악 도로)', 닛코와 도쿄를 잇는 '닛코카이도(日光佳道, 닛코의 길)' 등이다. 그중에서도 도카이도는 일본의 우키요에(목판화) 화가 우타가와 히로시게의 '도카이도의 53개 역참'이라는 시리즈 덕분에 이름이 널리 알려지기도 했다. 이 옛길들에는 마부와 귀족들, 관리들이 쉬어갈 수 있도록 길목마다 숙소와 주막의 역할을 하는 역참들이 있었다. 길이 534킬로미터의 나카센도에는 총 69개의 역참 마을이 있었다. 현대적 도로의 건설과 함께 이 옛길들은 점차 잊혔고, 역참으로 번성했던 마을들 역시 그 기능을 잃고 쇠락해갔다. 하지만 1960년대에 접어들면서 옛 모습을 간직한 마을들에 대한 관심이 솟기 시작했다. 기소 계곡 주변을 잇는 나카센도 길과 역참 마을이 재건축과 복원 사업을 거쳐 새롭게 부활했다. 그중 가장 대표적인 곳이 바로 나가노 현의 쓰마고주쿠|妻籠宿|와 기후 현의 마고메주쿠|馬籠宿|, 나라이주쿠|奈良井宿| 등이다.

아무래도 이번 여행의 콘셉트는 '즉흥적 충동에 따른 우발성' 정도로 정의해야겠다. 나카센도의 역참 마을을 찾아 나선 것도 그랬다. 마쓰야마의 나카도리마치의 한 서점에서 사진집을 뒤적이던 중, 몇 장의 사진이 내 눈을 사로잡았다. 이층 목조 가옥들이 길 양편으로 늘어서고 깊

에도 시대 때 역참 마을로 번성했던 나라이 마을

은 산들이 병풍처럼 둘러싼 마을. 시대를 거슬러 올라간 듯 현대 문명의 흔적이 사라진 마을들이었다. 한자로 표기된 마을 이름들을 적어두었다가 슌스케 상에게 물어봤다. 그 몇 개의 역참 마을을 품은 기소 계곡이 마쓰모토에서 한 시간 거리라는 사실을 알고 나서 바로 그곳으로 향하는 기차에 오른 거다.

마쓰모토를 출발한 기차는 한 시간 만에 나라이 역에 들어선다. 기차역을 빠져나와 왼쪽으로 향하니 눈앞에 믿을 수 없는 풍경이 펼쳐진다. 사진에서 본 그대로 짙은 갈색의 목조 가옥이 길 양옆으로 늘어서 있다. 길은 차 한 대가 빠져나갈 만한 너비. 전선줄 하나 안 보이는 마을은 200년쯤 거슬러 올라간 시대의 모습이다. 이렇게 운치 있는 마을이 있다니. 탄성이 절로 터진다. 마을은 산들에 둘러싸였고, 산봉우리마다 비를 예감하는 구름이 걸려 있다. 몽환적인 풍경이다. 가끔 지나가는 자동차만 빼면 지금 읽고 있는 마루야마 겐지의 소설 『해와 달과 칼』의 바로 그 무대다.

기념품 가게와 식당, 카페, 료칸으로 변한 건물들을 지나 예약해놓은 이세야 료칸으로 들어선다. 짐을 내려놓고 나서는데 주인아주머니가 잠깐 기다리란다. 잠시 후 우산과 작은 방울을 들고 나오신다.

"이 종은 뭔가요?"

"산에서 곰이 나올 수도 있으니 배낭에 종을 매달고 가세요."

배낭에 우산을 챙겨 넣고 종을 매단 후 료칸을 나선다. 야부하라로 가는 나카센도의 옛길로 들어선다. 관리들이 말을 타고 넘었을 이 옛길을 나는 걸어서 넘는다. 도리토게 고개는 유순한 오르막길이다. 막 물들기 시작한 나뭇잎들이 듬성듬성 보인다. 가라앉은 공기 속에 짙어진 흙과 나무의 냄새, 푹신한 흙길, 친절한 이정표.

40여 분 만에 고개의 정상에 도착했다. 에도 시대의 가옥 형태로 조성해놓은 오두막 휴게소와 샘물이 보인다. 목을 축이고, 휴게소에 앉아 잠시 쉬다가 야부하라로 넘어가는 길로 들어선다.

특색 없는 마을을 1킬로미터쯤 지나치니 야부하라 역. 나라이로 가는 기차는 5분 전에 떠나, 다음 기차까지는 두 시간 반이 남았다. 차를 얻어 타려고 역무원 아저씨께 나라이쪽 방향을 묻는다. 잠시 기다리라던 아저씨, 사무실 문을 잠그고 나오신다. 트럭으로 나라이까지 데려다 주시는 친절함이라니! 그런데 청천벽력 같은 소식을 듣고 만다.

"내일도 비가 올까요?"

"어, 몰랐어요? 내일이 태풍의 절정이잖아요. 그래서 내일은 기차도 안 다녀요."

"네? 그럴 수가! 전 내일 쓰마고로 가야 하는데요."

"그렇다면 오늘 기차를 타고 가서 쓰마고에 머무는 게 낫겠네요. 이 부근의 나카센도 역참 마을 중에 쓰마고가 제일 예쁘거든요."

"벌써 이곳 료칸을 예약했는데요."

"지금은 특별한 상황이니까 사정을 설명하면 이해해줄 거예요."

료칸 앞에 내려주신 아저씨와 작별하고 료칸에 들러 사정을 설명했다. 다행이 주인아주머니께서 기꺼이 예약을 취소해주신다. 게다가 료칸이 그려진 예쁜 엽서까지 선물로 건네주신다. 비 오는 거리를 걸어 역으로 와 나기소 행 기차를 끊고 기다린다. 이곳 역무원 할아버지는 머리가 하얗게 세고, 이빨도 다 빠지고, 귀도 가늘게 먼 분이다. 자원봉사이신 걸까. 이 역의 안전성이 의심스러워질 정도로 연세가 드셨다. 아무리 젊게 봐도 분명 일흔은 훌쩍 넘기신 것 같은데······. 나는 대합실에 앉아 역무원 할아버지의 연세와 사연을 상상하며 시간을 보낸다.

기차를 타고 나기소 역에 내리니 네시 반. 쓰마고 행 버스는 한 시간 후에 있다. 택시는 1300엔, 버스는 300엔이라기에 그냥 버스를 기다리기로 한다. 날이 어두워지고, 비는 계속 내린다. 숙소에 도착해 목욕하고 저녁밥 먹을 생각을 하니 설렌다. 점심을 간식으로 때운 탓에 저녁 상에 뭐가 오르든 다 먹겠다는 각오가 섰다.

어두워진 도로를 달린 버스는 10분 만에 쓰마고에 나를 내려준다. 밤이 내린 거리는 몸을 감추고 있다. 숙소를 찾기 위해 두어 곳 문을 두드려보지만 대답이 없다. 가게들은 이미 문을 닫았고, 거리에는 인적이 없다. 불 켜진 어느 여관의 문을 두드려 겨우 숙소 위치를 확인하고 찾아간다.

전통적인 양식으로 지어진 목조 여관의 다다미 6조짜리 방은 쾌적하다. 시간이 늦어 목욕도 하기 전에 바로 저녁 밥상이 방으로 들어온다. 회 몇 점, 화로 위의 버섯볶음, 맑은 국, 튀김에 생선구이와 소바까지. 깔끔하고 담백한 맛이다.

상을 물린 후 목욕탕으로 향한다. 히노키(편백나무) 욕조에 나무로 벽을 두른 목욕탕이 근사하다. 그런데 내 앞에 몇 명이 들어갔다 나왔는지 욕조 안에 때가 둥둥 떠다닌다. 몸도, 마음도 싸늘해져 금세 나오고 만다. 일기예보를 들으려고 텔레비전을 트니 한국 드라마를 하고 있다. 이 마을, 어둠 속에 흘깃 봤지만 분명 굉장한 마을이다. 내일이 태풍의 절정인데 걸을 수 있을까, 과연. 10년 만의 최대 태풍이라는데…….

태풍이 데려다 준 옛 역참 마을

밤새 장지문이 덜컹거릴 정도로 강한 바람이 불고 비가 쏟아졌다. 텔레비전에서는 내내 태풍 특집 방송 중으로, 여기저기 대피한 사람들을

빗물에 얼굴을 씻고 있는 옛 가옥들

보여준다. 어제부터 기차와 비행기의 운행이 중단되었는데 태풍은 오늘 저녁에 소멸될 거란다. 내 여행도 태풍 18호에 발목이 잡힌 셈이다.

아침밥을 두 그릇이나 비우고 아홉시쯤 여관을 나선다. 오늘 예약한 숙소로 이동하니 바로 방을 내주신다. 역시 어제 잔 곳보다는 시설이 확 떨어진다. 여긴 료칸이 아닌 그야말로 민슈쿠 民宿. 그래도 방에서 강과 산이 보여 전망이 좋다. 주인아저씨가 일본어를 영어로 통역해달라고 부탁하신다. 태풍 때문에 발이 묶인 호주인 부부에게 기차표를 변경하러 가자는 이야기다. 와, 내가 일본어 통역을 할 날이 올 줄이야. 역까지 같이 나간 김에 나도 내일 기차표를 예매했다.

바로 쓰마고로 돌아와 마을을 둘러본다. 정말 예쁜 마을이다. 어제 머물렀던 다이키치 료칸 식당에 유명 배우들 사진과 사인이 든 액자가 잔뜩 걸려 있었는데, 역시 이 마을은 전선줄이나 현대적 건물이 없어 영화나 사극 촬영지로 인기 있는 곳이란다. 문화재로 지정되어 입장료를 내고 들어가야 하는 옛 가옥 두 곳을 찾았다. 와키혼진 脇本陣 가옥과 쓰마고주쿠혼진 가옥. 와키혼진 가옥은 옛날 영주의 신하들이 에도를 오갈 때 머무르던 집이다. 1877년에 지어진 집으로, 정원에 아름다운 이끼가 가득하다. 메이지 황제의 반봉건 정책으로 인해 일이 끊겨 놀고 있던 궁 목수(주로 성을 건축했던)들이 지었기 때문에 일본 성곽의 특성도 엿볼 수 있다. 조용한 처마 밑에 앉아 비 내리는 일본 정원을 바라보는 기분이 감미롭다. 친절한 직원 아주머니의 설명에 따르면 쓰마고주쿠혼진은 영주가 여행 중에 머물던 집이었다고 한다.

쓰마고주쿠혼진을 나서니 비가 그치고 햇살이 비친다. 오랜만에 보는 태양이 오래 헤어졌다 만나는 연인처럼 반갑다. 길거리에 멈춰 서서 온몸으로 햇살을 받으며 광합성을 즐긴다. 잠시 후 버스를 타고 산길을

영주의 신하들이 에도를 오갈 때 머물던 와키혼진 가옥의 안뜰

    빙빙 돌아 쓰마고의 남쪽에 자리 잡은 또 다른 역참 마을 마고메로 향한다. 이 두 역참 마을을 잇는 길을 걷기 위해서는 고도가 높은 마고메(600미터)에서 쓰마고(420미터)로 가는 길이 조금 더 편하기 때문이다.
    마고메 역시 쓰마고와 우열을 가리기 힘들 정도로 멋진 마을이다. 이 마을은 급하게 경사가 진 점이 좀 다르다. 또 에도식 건물만 있던 마고메와 달리 이곳은 에도식과 현대식 건물들이 뒤섞여 있다. 그래도 아름다움이 떨어지지는 않는다. 식당과 카페, 사람들이 사는 민가, 기념품 가게, 료칸이 뒤섞여 좀 더 활기찬 느낌을 준다고나 할까. 돌이 박힌 길과 주변을 둘러싼 산들의 맵시는 이곳이 더 빼어난 것 같다.
    마고메는 일본 작가 시마자키 도손│島崎藤村│의 고향이기도 하다. 기소

마고메의 언덕길을 걸어가는 여성들

계곡의 대부분을 소유할 만큼 대단한 가문에서 태어난 그의 작품 속에는 이곳 생활이 곳곳에서 배어 나온다. 특히 그의 가족이 일본의 근대화 과정을 통해 받은 압박을 묘사한 작품 『집』과 『날이 밝기 전』은 이곳에서 보낸 삶에 큰 영향을 받았다고 한다. 덕분에 이 마을에는 도손의 박물관이 있다. 들어가 보니 설명문이 일본어로만 되어 있어 지루하기만 하다.

도손의 작품보다는 거리의 상점에서 판매하는 이 지역 특산품 히노키 수공예품이 더 매혹적이다. 기소 계곡은 일본산 편백나무인 히노키로 유명하다. 침엽수들 중에서 가장 많은 피톤치드를 방출한다는 편백나무. 에도나 나고야의 성을 지을 때 사용한 나무가 바로 이곳의 히노키다. 일본 종교인 신도의 가장 중요한 신사, 이세진구를 20년마다 재건축할 때도 이곳의 편백나무를 사용한다. 그래서 예부터 이곳은 황실의 엄격한 통제 아래 있었다. 심지어 자신의 소유라 해도 허가 없이 편백나무를 자른 사람은 사형에 처해질 정도였다.

비록 대부분의 건물들이 메이지 시대와 다이쇼 시대의 재건축물이지만, 거리의 모습은 에도 시대의 분위기를 그대로 유지했다고 한다. 쓰마고도 마고메도 마을의 중심 거리에는 차가 다닐 수 없다. 전봇대는 물론 공중전화나 텔레비전 수신기 같은 현대 문명의 상징물은 전혀 보이지 않는다. 1킬로미터 남짓한 중심 거리를 걷다 보면 마치 마을 전체가 박물관처럼 느껴진다.

태풍 탓인지 거리에는 관광객이 거의 없다. 찻집에 들어가 차라도 마시며 쉬고 싶지만 어두워지기 전에 돌아가기 위해 천천히 발길을 옮긴다. 마고메를 빠져나와 나카센도를 따라 걷는다. 쓰마고와 마고메를 연결하는 7.8킬로미터의 하이킹 코스. 조금씩 고도를 높이면서 마을이 이어진다. 마을길을 따라 계속 걸으니 얼마 못 가 마고메 고개(801미터)의 정상이다. 이곳에 있는 찻집은 아쉽게도 문을 닫았다. 내리막길로 접어드니 숲을 돌아서 가는 길이 이어진다. 아직은 초록빛으로 무성한 초가을 숲이다.

계곡이 끝나는 지점에 '프리 레스트 하우스'라고 쓰인 집이 서 있다. 300년 된 가옥을 휴게소로 만들고 마을 주민들이 번갈아 봉사하며 이 길의 여행자들을 맞이한다. 따뜻한 차 한 잔을 얻어 마신 후 다시 걷는다.

이 길은 곳곳에 화장실이나 샘물, 휴게소가 잘 만들어져 있다. 트레일에는 '남자폭포', '여자폭포'라 이름 붙은 두 개의 폭포도 있어 시원하게 쏟아지는 물줄기를 감상하기도 하며 천천히 발을 옮긴다. 느긋하게 걸어도 두 시간 반 남짓 걸리는 산책로. 가파른 오르막도 없고, 계곡을 끼고 걷는 숲길이 상쾌해 이대로 계속 걷고만 싶다.

숙소로 돌아와 저녁을 먹고 거리로 나가보니 유령마을처럼 인적이 끊겼다. 등불이 켜진 거리는 고즈넉하고 신비스럽다. 밤하늘에는 별이 초롱초롱. 태풍이 지나간 후의 평온한 첫 밤이 내리고 있다.

마고메에서 쓰마고로 넘어가는 나카센도의 옛길

혼슈 本州
늦가을

둘이서 보았던 눈,
올해도 그렇게 내리었을까
二人見し雪は今年も降りけるか
—바쇼

눈 내리는 새벽길을 지나 가을의 절정 속으로
닛코 센조가하라

하네다 공항에서 모노레일과 기차를 갈아 타고 시모이구사에 내려 켄의 차를 기다리는 지금. 가슴 저편에서 그리움이 치밀어 오른다. 개를 데리고 산책 나온 남자, 자전거를 타고 지나가는 주부, 기차에서 내리는 교복 입은 학생들. 이미 어두워진 거리를 쓸고 가는 기분 좋은 바람, 분주하지만 조용히 깊어가는 밤의 골목. 이제는 제법 익숙해진 이 거리에 다시 선 순간, 내가 이 나라를 사랑하게 되었다는 걸 깨닫게 된다. 벌써 몇 번째 이 도시로 돌아온 건가. 끝날 듯 끝나지 않고 계속되는 일본으로의 여행. 이번에는 또 어떤 길을 걷고, 어떤 사람들을 만나게 될까.

반가움과 설레임, 작은 흥분이 뒤섞인 마음으로 도쿄의 밤거리를 바라보고 있는데 차 한 대가 다가온다. 마미코의 남편 켄이다. 반가운 인사를 나누고 차에 올라 마미코의 집으로 향한다. 마미코의 대학 친구인 고다 상도 와 있다. 그녀와는 이미 두 번째 만남이라 편안하다. 나이 마흔 첫 임신에 쌍둥이를 밴 마미코가 무거운 몸을 이끌고 준비해놓은 저녁 밥상을 받는다. 서늘한 가을밤, 나베 요리를 먹으며 고다 상, 마미코와 일본어로 수다를 떠는 기분이란!

다음 날 신칸센을 타고 우쓰노미야를 거쳐 도치기 현의 닛코ㅣ日光ㅣ에 내린다. 닛코 역 앞 버스 정거장에서 유모토 온천행 버스로 환승. 졸다 깨어나니 눈이 내리고 있다. 11월의 첫날에 눈이 내리다니 확실히 도쿄의 북쪽이긴 한가 보다. 깜깜해진 거리의 가로등 아래 눈발이 춤추듯 흩날리고 있다. 온몸이 떨릴 만큼 날씨도 추워졌다. 다행히도 예약해놓은 민슈쿠는 버스 정거장에서 1분 거리. 운치 없고 허름한 시설이지만 방에는 난방기가 켜져 있고, 냉장고에 텔레비전, 유카타와 차, 모두 갖춰져 있다.

샤워기도 없는 낡은 목욕탕에서 목욕을 하고 돌아오니 방에 상이 차려진다. 음식 또한 특색이 없다. 그래도 밖에는 찬바람이 불고 있는 깊은 가을밤. 난방이 들어오는 따뜻한 방에 머무는 여행자의 신분 그 자체가 왠지 안도감을 준다.

눈 내리는 센조가하라 습원을 걷다

지난 밤 눈 내리는 소리를 들으며 잠들었다. 바람이 장지문을 세게 흔들며 밀려왔다. 새벽에 창을 여니 낮은 지붕들 위로 하얗게 눈이 쌓여 있다. 계속 쏟아지는 눈 때문에 오늘 오쿠시라네 산 등반은 위험하다고 주인이 말린다. 원래 계획은 2580미터의 오쿠시라네 산을 등반한 후 센조가하라 트레일을 걸어 주젠지 근처까지 가는 거였다. 두 개의 코스를 다 걸으면 여덟 시간 이상 걸리기 때문에 오랜만에 운동 좀 제대로 해보자고 각오를 했는데, 또 물거품이 되고 만다. 이번 여행도 시

눈 내린 초겨울 아침, 첫 햇살을 받은 숲이 수줍게 반짝인다.

작부터 제대로 풀리질 않는다. 하지만 인생처럼 여행도 새옹지마. 지난번 여행에서 일정이 변경되는 바람에 쓰마고와 마고메 같은 예쁜 마을을 만났고, 신이치 선생님과 조우하기도 했다. 그러니 뜻대로 안 풀린다고 안달하기보다는 여행이 나를 이끄는 대로 몸을 맡겨보자.

결국 산행은 포기하고 센조가하라 습원 지역만 걷기로 일정을 변경한다. 길은 버스 정거장 뒤에서 시작된다. 호수를 끼고 가는 양 갈래 길 중 오른쪽 길로 들어선다. 갓 쌓인 눈을 밟으며 혼자 걷는 새벽길. 왠지 쓸쓸한 기분이 든다. 뺨을 때리는 눈보라는 괜찮다 괜찮다 말하는 듯, 철썩이며 밀려오는 물결은 견뎌라 견뎌라 북돋우는 듯. 혼자 걸어가는 내 뒤로 남겨지는 발자국들과 새벽 찬바람. 몸도 마음도 조금씩 가벼워

눈 쌓인 길을 걷는 동안 쓸쓸한 마음은 충만한 행복감으로 바뀐다.

진다. 가슴을 열고 바람을 들이마신다. 눈을 크게 뜨고 늦가을 벌판을 담는다. 텅 비어 아름다운 벌판에 나는 지금 혼자 서 있다. 문득 일렁이는 감정의 소용돌이. 나는 지금 행복하구나. 그러고 보니 작년 겨울 마미코, 켄과 함께 닛코에 왔을 때도 폭설이 쏟아졌다. 닛코에 올 때마다 눈이 내리다니……. 마미코와 고다 상의 놀림처럼 나는 '눈을 부르는 여자'인 걸까.

구름장을 뚫고 나온 햇살이 잠시 숲을 비출 때면 반짝반짝 빛나며 살아나는 흰 눈. 호수와 폭포를 거쳐 습지를 지나 이어지는 길은 고요하고, 아름답고, 편안하다. 단풍이 남아 있었더라면, 햇살이 좀 더 빛났더라면. 아쉬움은 남지만 그래도 행복했던 두 시간 반의 걷기. 발걸음을 돌리지 못하고 주젠지 호수를 따라 걷는다.

해발 1269미터에 위치한 호수는 북쪽으로 난타이 산의 발치에 기대고 북서쪽으로는 센조가하라 습원 지대를 품고 있다. 이곳은 일본의 거품경제 붕괴와 함께 시작된 외국계 기업들의 벌처 펀드 이야기를 다룬 마야마 진의 경제소설 『하게타카』의 중요한 배경이 되었던 곳이다. 일간지 경제부 기자 출신인 작가가 쓴 소설을 재밌게 읽고, NHK에서 제작한 드라마까지 찾아본 기억이 있다. 소설의 주요 배경으로 등장했던 닛코의 고색창연한 고급 호텔이 어디였을지 문득 궁금해진다. 주젠지 주변을 산책하다가 닛코 역으로 가는 버스에 올랐다가 곧 내리고 만다. 단풍 때문이다. 이런 풍경이 창밖으로 펼쳐지는데 버스 안에 앉아 있다는 건 내 인생을 낭비하는 일 아닐까.

센조가하라에서는 이미 끝난 단풍이 이곳에서는 절정이다. 잎맥 가득 가을 햇살을 움켜쥔 단풍나무들이 파란 하늘 아래 붉은 몸을 떨며 서 있다. 거대한 단풍나무가 눈을 잡아끄는 건물로 무작정 들어서니 옛

불꽃처럼 타올랐다 스러지는 짧고 아쉬운 가을 단풍

궁궐인 닛코타모자와고요테 |日光田母沢御用邸| 기념공원. 1899년 메이지 시대 당시 황태자였던 다이쇼 천황이 요양용으로 지었던 황실의 별장지다. 106개의 방이 있는 이 목조 건축물은 우리에겐 잊을 수 없는 이름, 히로히토 천황이 제2차세계대전 중에 머물렀던 곳이기도 하다.

일본에 오래 산 철호 형이 해준 이야기가 문득 생각난다. 일본의 천황이 해서는 안 되는 세 가지 이야기가 있는데, 그건 바로 '먹고 싶다, 입고 싶다, 가고 싶다'라고. 사람이 자유 없이 명예와 책무만으로 살아갈 수 있을까. 나로서는 상상이 되지 않는다.

실내에서 바라보는 정원의 단풍이 처연하도록 아름답다. 정원의 단풍만으로도 입장료가 아깝지 않은 건물이다. 화려한 가을빛을 즐기며 30분 남짓 걸어가니 신쿄 |神橋| 라 불리는 다리. 다이와 강 위로 서 있는 붉은색 목조 다리는 원래 황실 가족들만 건널 수 있는 신성한 다리였는데, 지금은 돈만 내면 누구나 건널 수 있다. 도쿠가와 이에야스의 신사인 도쇼구 |東照宮| 가 있는 이 주변부터 사람들이 엄청나게 몰린다. 도쇼구는 작년 겨울에 둘러본 곳이기에 이번에는 지나친다. 빽빽한 장식이 내 취향과는 거리가 멀어 아무런 미련도 없다. 기차를 타고 도쿄로 돌아와 다시 나고야행 기차에 올라 오다와라 역에 내리니 다섯시. 초겨울 짧은 해는 이미 지고, 거리는 어둠에 잠겼다.

고요함 속에서 붉은 단풍을 감상할 수 있는 닛코타모자와고요테 기념공원

험난한 하코네 넘는 사람 있으리
오늘 아침의 눈 —바쇼

箱根越す人も有らし今朝の雪

긴긴 기다림 끝에 벼락처럼 나타난 후지산
하코네 묘진가타케와 미쓰토게야마

아침 일찍 오다와라 역으로 이동, 다이유잔|大雄山|행 기차에 오른다. 창밖으로 우뚝 솟은 후지산이 따라온다. 눈 덮인 영묘한 모습 그대로. 후지산을 가까이 보기 위해 나섰던 산행, 하지만 창밖으로 본 후지산이 오늘의 마지막 모습이 될 줄은 그때만 해도 알 수 없었으니. 한 치 앞도 내다보지 못하는 나는 혼자 중얼거린다.

"후지산아, 기다려다오. 그대를 만나기 위해 내가 가고 있다오."

종점인 다이유잔 역에 내려 도료손행 버스로 갈아탄다. 도심을 빠져나온 버스는 곧 지그재그로 난 길을 따라 울창한 삼나무 숲 사이로 들어선다. 10여 분 만에 종점 도료손에 내려 산행을 시작한다.

다이유잔 사이조지 입구의 샘터에서 물병에 물을 채운다. 샘터 뒤로 난 냇물을 건너 돌길로 들어선다. 곧 철로 만들어진 거대한 나막신이 서 있는 절의 입구. 절은 4, 500년은 족히 되었을 것 같은 삼나무와 소나무 숲에 둘러싸였다. 다이유잔 사이조지는 도료 스님이 1394년에 창건한 절이다. 전설에 따르면 도료 스님은 어느 날 텐구(긴 코를 가진 도깨

산속으로 사라진 도료 스님의 재래를 기다리는 사이조지

비)로 변해 깊은 숲 속으로 사라졌다고 한다. 그래서 이 절을 신통한 법력을 지닌 도료 스님의 이름을 따 도료손이라 부르기도 한다. 절 입구에 서 있는 거대한 나막신 게다는 바로 도료 스님이 돌아올 그날을 위해 세워놓은 거란다.

   삼나무 숲에서 시작된 등산로는 빽빽한 숲 사이로 끝없는 오르막길이다. 신묘수이 약수터를 지나니 그제야 시야가 뚫린다. 발밑으로 점점 멀어지는 도시를 뒤로하고 좁고 오롯한 길을 오른다. 잠시 후 묘진가타케│明神ヶ岳│(1169미터) 정상에 도착해 사방을 둘러보니 온통 먹구름장에 뒤덮였다. 후지산은커녕 후지산의 그림자도 밟을 수가 없다. 맑은 날 이곳에서는 동쪽으로 사가미 만의 푸른 바다가, 북동쪽으로는 아시가라 평원이, 서쪽으로는 후지산이, 북쪽으로는 탄자와 산군이, 남서쪽으로는 소운잔이 360도 파노라마로 펼쳐진다는데, 지금 내 눈앞으로는 거

대한 텔레비전 안테나들밖에 안 보인다. 후지산에 대한 미련을 버리지 못해 찬바람 쌩쌩 부는 정상에서 벌벌 떨며 30분이나 기다려보지만 구름은 미동도 하지 않는다. 이곳에서 북서쪽으로 두 시간을 가면 긴토키산의 정상인데, 그곳의 전망은 이곳보다 못하다기에 결국 하산을 시작한다.

'미야기노'라 적힌 방향으로 들어선다. 다이몬지 축제로 유명한 해발고도 924미터의 묘조가타케를 지나 한 시간 반 후 미야기노의 도로에 내려선다. 산 위에서는 그토록 음침하던 날씨가 이곳에는 활짝 개었다. 하코네 등산 열차를 타고 오다와라로 돌아와 기차를 네 번이나 갈아타고 가와구치코河口湖 역에 내린다. 다시 또 후지산을 만나러.

후지산을 바라보며 지리산을 떠올리다

지난 밤 어찌나 춥던지 담요 두 장, 이불 한 채를 덮고도 모자라 빈 침대의 담요까지 끌어와 덮었다. 그런데도 추위가 가시지 않아 온몸을 웅크린 채 밤새 뒤척여야 했다. 일본에서 보낸 가장 추운 밤이었다. 이곳은 지금껏 머물렀던 곳 중 최악의 유스호스텔이다. 컨테이너 하우스처럼 생긴 외양도 그렇지만 보기 드물게 불친절한 주인 노부부에다가 목욕탕이나 방의 시설도 최악이다. 새벽 다섯시 반에 일어나 짐을 꾸려 숙소를 나선다. 사무치도록 춥고 인간미 없는 숙소에서 한시라도 빨리 벗어나고 싶다.

역으로 걸어가는 동안 후지산은 어디쯤 있을까 주변을 두리번거렸다. 고개를 돌린 순간, 바로 눈앞에 우뚝 서 있는 후지산. 이렇게 가까이서, 마음의 준비도 못한 채 후지산과 만나다니……. 벼락이라도 맞은 듯 나는 그 자리에 꼼짝도 못 하고 서서 후지산을 바라본다. 11월 새벽의 싸늘한 공기 속에 후지산이 그림처럼 솟아 있다. 우키요에에서만 보던 후지산이 이토록 가까이 있다니.

　가와구치코 역 보관함에 짐을 넣어두고 새벽 기차에 올라 미쓰토게 야마로 간다. 미쓰토게 역을 나와 왼편으로 접어드니 '그린 센터'라고 적힌 이정표가 바로 보인다. 계속 이정표를 따라가는 도로 길이다. 미쓰토게 그린 센터에 도착하니 일곱시 정각. 이곳에서도 한동안 도로가 이어진다. 45분 남짓 걸으니 그제야 도로가 끝나고 산으로 들어가는 길이 시작됐다. 어제의 길보다는 훨씬 나은 산길을 30분 남짓 걸었을까. 처음으로 후지산이 왼쪽 삼나무 사이로 모습을 드러냈다. 의자에 앉아 잠시 바라본다. 여기서부터는 후지산을 왼편에 두고 이어지는 오르막. 산의 나무들이 벌써 잎을 털어내 빈 가지 사이로 계속 후지산이 보인다. 두 시간 남짓 걷고 나니 88개 부처상 앞. 이곳부터는 비교적 평탄하고 완만한 오르막이다. '낙석주의'라고 쓰인 길을 지나니 곧 바위봉우리가 오른편에 나타나고 암벽을 타고 있는 커플이 보인다. 세 개의 산장이 수십 미터 간격을 두고 서 있는데 주변 환경이 지저분하다. 온갖 고철덩어리들이 쌓여 있어서 어지럽다. 이곳에서 텔레비전 안테나를 끼고 10분을 오르니 미쓰토게 정상. 미쓰토게 역에서 걷기 시작한 지 꼭 세 시간 만이다. 어제의 날씨를 보상해주듯 오늘은 활짝 갠 하늘이다.

　1700미터가 넘는 봉우리에서 바라보는 후지산은 경이롭다. 후지산은 바라볼수록 매력적이다. 들판에서 갑자기 솟구쳐 오른 모양새는 당당하고 압도적인 남성의 모습이랄까. 그 높이만이 아니라 모양새에서도 이 산이 일본인의 영적 기둥이 될 수밖에 없음이 느껴진다.

　후지산을 바라보노라니 백두산이 생각난다. 한국인의 영적인 산. 그 산 아랫마을에서도 산의 덕성에 기대어 살아가는 사람들이 있겠지. 산

미쓰토게 봉우리에서 바라보는 후지산

을 보고 잠들고, 산을 보며 깨어나, 산에게 위로받으며, 산이 주는 것들로 살아가는 사람들. 그 산을 오르며 북녘땅 사람들을 만날 날은 언제나 올까.

후지산은 빼어나게 아름다운 산이지만 왠지 가까이하기 어려운 느낌이다. 누구도 그 안에 깃들이기는 어려울 것 같다. 그에 비해 내가 좋아하는 지리산은 높이는 낮으면서도 그 품이 넓고 깊어 누구라도 그 산에 의지해 살아갈 수 있을 것만 같다. 후지산이 바라보기 좋은 산이라면, 지리산은 깃들이기에 좋은 산이랄까.

옆에서 간식을 먹던 부부가 내게 단감과 사탕을 건넨다. 내가 한국에서 왔다고 하니, 한국에는 산이 없어서 왔냐고 묻는다.

"한국에도 산이 많아요."

"아마도 산이라면 역시 일본의 산이 더 아름답겠지."

그 말에 나는 이렇게 답한다.

"한국과 일본의 산은 풍경도 분위기도 달라서 둘 다 아름다워요. 산이라면 어디나 다 좋은걸요."

산에서 내려와 역으로 향하는 길, 사진 갤러리를 겸하는 작은 식당에서 후지산 사진 전시회가 열리고 있다. 전시된 사진을 보니 야마나카코라는 호수에서 바라보이는 후지산이 무척 아름답다. 가와구치코에서 버스로 30분. 가고 싶지만 시간이 부족해 다음으로 미루고 가와구치코 주변을 걷는다. 세상에나, 호수에서 바라보는 후지산이 얼마나 아름다운지. 도쿄로 돌아가지 말고 하룻밤 머무르고픈 생각이 간절하다. 마미코와의 약속 때문에 결국 포기했지만 꼭 이곳으로 다시 돌아와 야마나카코에도 가고 후지산의 새벽 얼굴도 만나리라 다짐해본다.

신주쿠 역에서 마미코, 고다 상과 만나 근처 이자카야에서 저녁을 먹으며 닛코와 후지산에 대한 이야기를 나눈다. 자정이 다 된 시간에 마미코 집으로 돌아가 잠자리에 든다.

다음 날 아침, 마미코와 함께 아키하바라로 간다. 오늘 마미코는 나를 위해 오전 근무를 쉬었다. 우리는 아키하바라에서, 부탁받은 '미션'을 완수한 후 느긋하게 점심을 먹고, 차도 마실 예정이었다. 하지만 뜻밖에도 미션을 완수하는 데 어마어마한 시간이 걸리고 만다. 우리의 미션은 다름 아닌 피규어 구입.

지인이 아들을 위해 부탁한 일본 애니메이션 〈나루토〉의 피규어를 찾기 위해 아키하바라의 상가를 몇 곳이나 뒤졌지만 나루토의 피규어는 보이지가 않는다. 게다가 피규어 가게들의 분위기가 우리를 섬뜩하게 만든다. 들어가는 곳마다 성인 남자 손님만 있을 뿐 어디를 가도 여자는 없다. 터질 것 같은 가슴을 절반은 드러낸, 교복 입은 여학생의 피규어를 뚫어져라 바라보는 젊은 남자들. 입고 있는 옷이라든가 헤어스타일이 다분히 오타쿠의 냄새를 풍기는 그 남자들은 모두 혼자 찾아온 손님들이다. 기분 탓인지 변태적 취향이 물씬 풍겨 무섭기까지 하다. 마미코도 그런 분위기를 느끼는지 조용히 속삭인다.

"저 남자들 대부분이 현실에서는 연애 한 번 못 해봤을 거야. 그러니 저런 변태 인형이나 구입하러 오지."

어쨌든 아키하바라를 뒤지고 뒤져 겨우 몇 개의 피규어를 사고 나니 마미코가 출근해야 할 시간까지 한 시간도 채 남지 않았다. 결국 지하철 역 안의 아무 식당이나 들어가 오므라이스로 급히 점심을 먹고 헤어진다. 이렇게 허무하게 시간이 가버리다니 아쉽기만 하다.

가을바람이여 동백잎을 스치더니
담쟁이에 서리 -바쇼

秋風や桐に動きて蔦の霜

고요한 가을빛처럼 이 땅에 평화가 내려앉기를
히로시마 산단교

지구 위에 히로시마처럼 슬픈 도시가 있을까. 이 도시는 나가사키와 함께 세계에서 유일하게 원자폭탄을 맞은 곳이다. 그래서 종종 전쟁을 일으킨 장본인이 가해자가 아닌 피해자 의식을 갖게 만드는 도시이기도 하다. 전쟁의 참화를 다룬 빼어난 애니메이션 〈반딧불의 묘〉를 통해 드러나는 이중적인 감정처럼.

내가 처음 이 도시를 찾았던 날, 히로시마 평화기념공원은 가을빛에 고요히 저물어가고 있었다. 박물관 내부에 전시된 전쟁의 참상과는 너무나 다른 평화로움이었다. 공원 옆으로 흘러가는 강에는 유람선이 떠가고, 다리 위로는 자전거를 탄 아이들이 달려가고 있었다. 유모차를 끌고 아이와 함께 산책하는 여자들이 보였고, 부서진 건물 앞으로는 교복을 입은 청소년들이 왁자지껄 떠들며 지나갔다. 그리고 공원 내의 한국인 위령탑 앞에는 한 무리의 일본인들이 서 있었다. 한국과 일본의 시민단체가 함께 띄운 '피스 앤드 그린 보트'에 승선했던 일본 시민들이었다.

유람선이 떠 있는 강 오른쪽에 원자폭탄을 맞아 부서진 건물이 보인다.

나는 그해 가을 시코쿠를 걷고 있던 와중에 '피스 앤드 그린 보트'에 탑승했었고, 일본인 참가자들과 함께 히로시마에 내려 평화기념공원을 찾은 터였다. 그들의 마지막 모임은 한국인 위령탑 앞에서 열렸다. 촛불을 든 일본인들이, 강제징용으로 이곳까지 끌려와 원폭을 맞고 사망한 조선인 2만 명의 명복을 빌었다. 한국과 일본, 그 가깝고도 먼 나라 사이의 평화를 기원하던 그들의 진정 어린 마음이 내 안으로 조금씩 스며들었다. 오랫동안 평화기념공원 바깥에 서 있다가 1999년에야 공원 안으로 들어올 수 있었던 그 비극적 탑이 그제야 자리를 찾은 듯했다.

다시 찾은 히로시마는 여전히 대도시의 시간적 흐름과는 다른 지방 도시의 느슨한 분위기다. 평화기념공원과 가까운 시내의 비즈니스 호텔에 짐을 풀고, 공원으로 발길을 옮긴다. 가을 저녁의 공원이 어둠에 젖어 있다. 기억을 더듬어 다시 한국인 위령탑을 찾아간다. 텅 빈 위령

어둠이 내린 평화기념공원 안의 기념관 모습

탑 앞에서 홀로 묵념을 올린다. 꼭 1년 전 가을밤, 그때는 일본인 친구들과 함께여서 이 공간이 쓸쓸해 보이지 않았던 걸까. 불빛이 하나 둘 켜지는 도시의 밤거리를 걸어 식당을 찾는다.

오늘 저녁의 메뉴는 이 도시를 대표하는 음식, 오코노미야키다. 취향이나 기호를 뜻하는 단어 '코노미'와 구이를 뜻하는 '야키'가 결합한 오코노미야키는 그 이름대로 밀가루 반죽 위에 양배추며 삼겹살, 해물 등 취향껏 재료를 얹어서 구워 먹는 빈대떡 같은 음식이다. 사실 오코노미야키의 원조로 알려진 곳은 오사카지만 히로시마는 오랫동안 오코노미야키를 놓고 오사카와 자존심 싸움을 벌여왔다. 오사카 사람들이 들으면 자다가도 벌떡 일어나겠지만 나는 히로시마의 오코노미야키 편이다. 이쪽이 밀가루 반죽이 얇고 바삭한 데다 덜 느끼해 내 입맛에 맞다고나 할까. 전에 내가 오사카 출신의 친구 히데키에게 이 얘기를 하자, 그는 마음에 둔 여인의 결혼 소식이라도 들은 듯한 표정을 지었다. 그러고는 오사카 오코노미야키의 우월성과 정통성을 침을 튀겨가며 선전했다. 그러거나 말거나 나는 김치와 새우를 넣은 히로시마 오코노미야키 한 판을 깨끗이 비우고 돌아와 일찍 잠자리에 든다.

가을빛으로 곱게 물든 산단쿄 계곡

히로시마 버스 터미널에서 새벽 첫차를 타고 산단쿄로 향한다. 산단쿄는 히로시마에서 북서쪽으로 60킬로미터 떨어진 계곡이다. 시키 강을 따라가는 11.5킬로미터의 길로 가을 단풍이 아름답기로 유명하다. 산단쿄 버스 정류장에 내리니 길 건너편으로 우동이나 소바를 파는 식당들이 보인다. 마을 뒤로 난 작은 다리를 건너자 맑은 강물이 흐르는 계곡이 기다리고 있다. 강물의 길을 따라 사람의 길도 완만하게 굽이치며 흘러간다. 길 위에 사람은 없고 햇살은 따스하다. 계곡은 바닥이 환히 들여다보이는 맑은 초록빛. 곳곳에 뛰어들기 좋은 소와 작은 폭포들이 나타난다. 어디선가 뽑기 냄새 같은 단 냄새가 계속 날아온다 했더니 당단풍나무의 냄새다. 식욕을 자극한다. 상수리나무와 밤나무, 느릅나무, 편백나무 들이 무성한 가지를 계곡 쪽으로 뻗고 있다.

30분 남짓 걸었을까. 갈림길이다. 오른쪽은 계속 길이 이어지고, 왼편으로 가면 배를 탈 수 있는 나루터다. 호기심이 동해 나루터로 향한다. 세상에나, 이 배 어이가 없다. 2~300미터쯤 되는 구간을 최대한 느린 속도로 건네준 후 300엔을 받는다. 나처럼 호기심에 올라탄 사람들은 좀 황당해하는 눈치다. 게다가 가게와 식당을 겸하는 산장 앞에 배를 세워 군것질까지 하게 만든다. 나도 결국 오뎅과 이모 모치(고구마 찹쌀떡)를 사 먹고 만다. 전체 구간의 절반쯤 걸었을까. 니단타키 | 二段滝 | 와

히로시마 산단쿄의 상징인 3단 폭포

누군가 손수 깎아놓은 듯한 바위틈으로 흘러가는 맑은 강물

산단타키 | 三段滝 |로 갈라지는 지점이다. 근처에 도로가 있어서 여기서부터 갑자기 사람들이 붐빈다. 단체 관광객들을 피해 걷느라 걸음이 빨라진다.

  2단 폭포인 니단타키를 둘러본 후 산단타키로 향한다. 3단에 걸쳐 흘러내리는 이 웅장한 폭포는 산단 협곡 5대 절경의 하나인 명소다. 붉게 물든 단풍나무 아래 짙은 초록빛 소 |沼|. 큰 카메라를 멘 사람들이 일제히 같은 풍경을 찍고 있다. 가을 햇살 아래 몸을 말리며 가만히 앉아 있고 싶은데, 번잡함이 싫어 서둘러 벗어나고 만다.

  산단타키를 벗어나니 다시 인적이 끊어진다. 몇 개의 폭포를 지나 다루토코 댐과 히지리코 호수가 이어지는 곳까지 걷고 나니 정오. 시바키 강의 상류에 다루도코 댐을 건설하면서 인공적으로 생긴 호수가 히지리코다. 댐이 건설되면서 수량이 감소하여 이제는 폭포들의 박력이 줄어들었다고 한다.

  원래는 같은 길을 돌아 내려가려 했는데 버스 시간에 맞춰 주차장으로 되돌아갈 자신이 없다. 서둘렀는데도 세 시간 반이 걸린 길을 세 시간 안에 끝내려면 내내 뛰듯이 걸으며 초조해할 게 뻔하다. 결국 온 길과는 반대로 국도 191번을 향해 걷는다. 차를 얻어 타고 마쓰다 갈림길에 내려 다시 차를 얻어 탄다. 버스 정거장에 내려 시간표를 살펴보니 하루 두 대뿐인 다음 버스까지는 세 시간이 남았다. 결국 여기까지 나를 태워주신 분들이 30분쯤 더 걸리는 인터체인지까지 데려다 주신다. 그곳에서 아슬아슬하게 버스에 탑승해 히로시마로 돌아왔다.

  히로시마에 온 김에 꼭 다시 가고 싶은 곳이 있었다. 히로시마 평화기념공원의 나루터에서 배를 타고 한 시간 남짓 걸리는 섬 미야지마. 교토의 아마노사시다테, 미야기의 마쓰시마와 함께 일본 3경으로 꼽히

는 곳이다. 이 섬의 상징인 이쓰쿠시마 신사는 바다 위에 떠 있는 붉은 도리이|鳥居|로 유명하다. 2년 전 가을 이 섬을 찾았을 때, 미야지마는 단풍으로 뒤덮여 온 섬이 선명한 핏빛으로 빛나고 있었다. 모미지다니 주변을 걷다 돌아서며 다음에는 꼭 이 섬에 머물리라, 원시림 미센을 오르리라 다짐했었다. 높이 16.8미터에 무게는 60톤에 이르는 거대한 도리이가 저녁노을을 받아 바다로 잠기는 모습도 보고 싶었다. 하지만 이번에도 미야지마와는 인연이 닿지 않는다. 오사카에서 나를 기다리는 이들이 있기 때문이다. 다음을 기약하며 돌아선다. 미야지마의 특산품인 단풍과자 한 봉지를 사 들고.

단풍으로 유명한 미야지마 모미지다니의 가을 풍경

날은 춥지만
둘이서 자는 밤이 든든하여라

寒けれど二人寝る夜ぞ頼もしき

—바쇼

단풍과 함께 타들어가는 절간의 오후
교토 다이몬지 산

신오사카 역에 내리니 출구 앞에 어머님과 아버님이 나와 계신다. 2008년 시코쿠 섬을 순례할 때 만나 며칠간 함께 걸은 인연으로 나의 일본 어머님이 된 쓰즈미 상. 순례가 끝난 후 오사카의 어머님 댁에서 하룻밤을 머무른 이후 꼭 1년 만이다. 아버님이 운전하는 차를 타고 두 분의 집으로 향한다. 역시 시코쿠에서 만났던 요코 상도 일을 마친 후 찾아왔다. 넷이 함께 저녁을 먹는다. 식탁 위에는 내가 좋아하는 음식들이 가득 차려져 있다. 커피를 못 마시고, 감과 귤을 좋아하고, 계란찜과 새우튀김에 환호하는 내 식성까지 일일이 기억해 배려하는 어머님이 놀랍다.

욕조에 따뜻한 물을 받아 몸을 담그니 피로가 풀린다. 이렇게 좋은 이들을 만나, 이토록 충만한 하루를 보내고, 내일에 대한 기대를 가득 안고 잠들 수 있다니 얼마나 행복한 인생인지. 나도 모르게 누군가를 향해 "감사합니다"라는 말이 절로 나온다.

시코쿠에서 만난 인연, 쓰즈미 상 부부와 요코 상

 어머님과 함께 다이몬지야마 | 大文字山 | 를 향해 집을 나선다. 오사카에서 전철을 타고 교토 역으로 가 긴카쿠지 | 銀閣寺 | 행 버스를 탔다. 40분 남짓 걸린다는데 한 시간을 가도 절이 나오지 않는다. 버스를 잘못 탄 것이다. 혼자였다면 분명히 물어보고 탔을 텐데 일본인인 어머님과 함께여서 아무 확인도 안 했던 탓이다. 결국 내려서 다시 버스를 탄다. 그렇게 시간을 허비하는 바람에 트레킹 출발지점인 긴카쿠지에 도착하니 벌써 정오가 다 되었다. 긴카쿠지는 예전에 둘러본 곳이라 오늘은 통과.
 다이몬지 산으로 가는 길은 긴카쿠지 옆에서 시작된다. 기분 좋은 숲길을 한 시간 남짓 오르니 불축제를 위해 표시해놓은 '큰 대 | 大 |' 자의 중심 부분이다. 교토의 유명 마쓰리 중 하나인 고잔노오쿠리비 | 五山の送り火 |는 매년 8월 16일(일본의 추석에 해당하는 '오봉' 다음 날)에 조상의 영혼을 전송하는 축제다. 교토 주변 다섯 개의 산에 불을 붙이는데 이곳 다이몬지 산에서는 한자 '큰 대' 자 모양의 나무 제단을 쌓아 태운다. 한 글자의 크기가 가로 89미터, 세로 160미터에 이르고, 축제를 위해 무려

다이몬지 산을 오르고 있는 초등학생들. 줄 맞춰서 잘도 올라온다.

9000킬로그램 무게의 나무를 태운단다.

　이곳에서 보는 교토의 전망은 걸리는 것 없이 확 트였다. 맑은 날에는 오사카의 마천루마저 보인다고 한다. 다시 숲길로 들어서 15분 남짓 걸으니 다이몬지 산의 정상이다. 표고 466미터인 이곳의 전망은 왠지 아래보다 못한 느낌이다. 이제 능선을 따라 내려가는 길이다. 잘 표시된 이정표를 따라 한 시간 정도 숲을 빠져나가니 난젠지│南禪寺│다. 절 앞의 붉은 벽돌로 쌓은 수로각은 듣던 대로 장관이다. 그 앞에 서 있는 것만으로 액자 속 풍경이 된다. 높이가 22미터에 달하는 산몬도 규모가 대단하다.

난젠지를 둘러보고 나와 우리는 근처의 에이칸도 정원으로 향한다. "단풍철은 반드시 피하라"라고 가이드북에 적혀 있을 정도로 교토에서도 손꼽히는 단풍 명소. 단풍철에 찾아왔건만 평일이어서인지 에이칸도는 그리 붐비지 않는다. 우리는 불당의 대청마루에 걸터앉아 붉은 단풍나무에 눈을 준다. 여윈 가을 햇살을 받은 단풍나무에 절간이 조용히 타들어 가고 있다. 발이 시릴 법도 한데 무릎을 꿇고 앉아 하염없이 단풍나무를 바라보는 사람들. 그이들의 얼굴에도 붉은 빛이 감돈다. 사람도, 나무도, 불당도 한 폭의 정물화로 어우러지는 가을 오후.

에이칸도를 나와 '철학의 길'로 접어든다. 주택가 한가운데 비와코 수로를 따라 이어지는 2킬로미터 남짓한 길이다. 붉게 물든 벚나무가 늘어선 양쪽으로는 예쁜 가게며 카페, 식당이 눈길을 끈다. 반딧불이들이 날아다니는 여름밤에 이 길은 또 얼마나 정겨울까. 이곳이 철학의 길로 불리게 된 이유는 교토 대학의 철학자인 니시다 기타로 교수가 이 길에서 산책을 즐겼기 때문이다. 노벨화학상을 받은 후쿠이 겐이치 교수도 이 길을 즐겨 걸었다고 한다. 자다가도 한밤중에 벌떡 일어나 연필을 집어들고 수첩에 뭔가 휘갈겨 쓴 후 아무 일도 없었다는 듯 다시 잠드는 메모 습관으로 유명한 겐이치 교수는 노벨상 수상 비법을 이렇게 전수했다.

"산책하면서 드는 생각을 메모하라. 사색하기 좋은, 경사가 약간 있는 길을 걸어라."

교토 대학의 총장 역시 그 대학 출신의 자연과학자들이 다섯 명이나 노벨상을 수상한 비결을 묻자 '산책하기 좋은 지형'을 꼽았다. 산책이라

대청마루에 앉아 에이칸도의 가을빛을 즐긴다.

면 나 역시 일가견이 있는 사람인데, 그들과 나의 차이는 무엇일까.

우리는 '교요리(교토의 전통 요리)'의 대표격인 '유도후(연두부)'로 늦은 점심을 먹는다. 작은 마당이 있는 카페에서 소프트 아이스크림을 나눠 먹은 후 어머님과 헤어진다. 어머님은 장을 봐서 먼저 집으로 돌아가고, 나는 신이치 선생님과의 저녁 약속 장소로 이동한다.

선생님이 교토에 오신 이유는 인도계 영국인 사티쉬 쿠마르 |Satish Kumar| 와의 만남 때문이다. 사티쉬 쿠마르는 『그대가 있어 내가 있다』, 『끝없는 여정』, 『부처와 테러리스트』 등을 쓴 생태운동가이며 '녹색 성자'로 불린다. 그날 나는 얼마나 대단한 사람과 함께 걷는지 전혀 알지 못했다. 내게 엄청난 감동을 주었던 전기의 주인공 비노바 바베와 함께 인도 전역을 걸어다닌 동지가 그라는 사실도 알지 못했던 것.

사티쉬 쿠마르는 1936년, 인도의 독실한 자이나교 신자 가정에서 태어났다. 자이나교는 살아 있는 모든 존재를 해치지 않는다는 '아힘사' 원칙에 철저하다. 그는 아홉 살에 자이나교 승려가 되었지만 간디에 관한 책을 읽고서 열여덟 살에 종단을 벗어났다. 삶으로부터의 도피란 없다는 것을, 영혼은 일상의 삶에서 단련되어야 하는 것임을 깨달았기 때문이다.

세상으로 뛰어든 후 그는 비노바 바베와 함께 걷기 시작했다. 비노바 바베는 간디의 정신적인 후계자로 가장 빈곤한 계층 하리잔(불가촉천민)들에게 토지를 나누어주기 위한 토지개혁 운동을 벌이고 있었다. 그들은 인도 전역을 걸어 다니며 지주들을 설득해 1만 6000여 제곱킬로미터의 땅을 얻어 가난한 천민들에게 나눠줬다.

1962년의 어느 날, 쿠마르는 카페에서 신문을 보다가 충격을 받았다. 90세의 영국 철학자 버트런드 러셀이 핵 반대 시위를 하다가 투옥되었다는 글 때문이었다.

"90세에 평화를 위해서, 자신의 신념을 위해서 감옥에 가는 사람이 있다. 스물여섯 살의 나는 지금 무엇을 하고 있는가?"

그래서 그는 동료 프라바커 메논과 함께 핵 강대국들의 수도인 모스크바, 파리, 런던, 워싱턴까지 평화행진을 하기로 결정했다. 그는 버트런드 러셀에게 자신들이 도우러 간다고 편지를 썼고, 러셀은 "나는 매우 늙었으니 빨리 걸으라"라고 답했다. 놀랍게도 쿠마르는 그 여정 전체를 비노바의 제안대로 돈 없이 해냈다. 비노바의 말은 이랬다.

"만일 돈이 있으면 레스토랑에서 밥을 먹고 모텔에서 잠을 잘 것이 아니냐. 그러나 돈이 없으면 무방비가 될 것이고 그렇게 되면 너희들은 남을 믿어야 하고, 두려움을 없애야 하며, 믿음을 가져야 한다. 어쩔 수 없이 친절하고 따뜻한 사람들을 찾게 될 것이다."

그와 친구는 조언을 받아들여 돈 없이 걸어서 인도를 출발했다. 인도, 파키스탄, 소련, 유럽을 거쳐 미국으로 향하는, 2년 반에 걸친 1만 3000킬로미터의 긴 여행을 통해 그들이 좋은 사람들을 만나 많은 도움을 받았음은 물론이다.

쿠마르는 1973년부터 영국 남부의 작은 마을에 정착한 뒤 생태적 사고와 전통문화, 자연의 지혜를 모색하는 잡지 《리서전스》의 편집장으로 30년 동안 활동하며 대안학교의 모범이랄 수 있는 '하틀랜드 작은 학교'를 세웠다. 또 국제 생태교육의 메카로 유명한 '슈마허 칼리지'의 프로그램 기획자로 활동하고 있다. (사티쉬 쿠마르에 관한 이야기는 《녹색평론》 제53호 사티쉬 쿠마르-데릭 존슨 대담 기사를 참조했다.)

직접 만나본 쿠마르 선생님은 에너지가 넘친다. 우리 나이로 일흔넷이라는 연세가 믿기지 않을 정도로 활기차다. 누구와도 편하게 대화를 나누는 소박함과 겸손함이 자연스레 드러난다. 동굴처럼 크고 깊은 눈과 흰 수염, 단순한 옷차림, 맑고 열정 가득한 목소리를 지닌 매력적인 할아버지다. 우리는 철학의 길 주변에 있는 작은 절을 둘러보았다.

저녁에는 쿠마르 선생님을 교토로 초대한 분들과 함께 하는 저녁 식사. 부탄에서 함께 여행했던 후지와라 선생님(평화경제학을 가르치는 그분이 이번 쿠마르 선생님 초대의 주역이었다)도 계시고, 테리와 마유미 부부도 소개받았다. 17명에 이르는 멤버들 중에는 『그대가 있어 내가 있다』를 일본어로 번역한 분도 있고, 교토에서 영문 문화잡지를 발행하는 서양인들도 보인다. 우리가 저녁을 먹는 이곳은 '교토 나마 쇼콜라 오가닉 티 하우스'란 긴 이름을 지닌 곳으로, 100년 넘은 전통 가옥을 개조해 초콜릿과 커피를 파는 카페다. 특별한 경우에만 단체 예약을 받아

저녁 식사를 준비하는데, 깔끔하고 담백하면서도 동서양이 조화된 퓨전 요리를 낸다. 맛있는 밥을 먹으며 서로를 소개하고 인사를 나눈다. 장지문 너머 작은 정원에는 커다란 개 한 마리가 누워 있고, 조금씩 날이 저물고 있다.

쿠마르 선생님이 태어났을 때, 마을의 한 예언자는 이렇게 말했다고 한다. "이 아이의 인생은 끝없는 여행이 될 것이다. 그러나 결코 목적지에는 도달하지 못할 것이다."

산다는 것은 결코 그 목적지를 알 수 없는 끝없는 여행이 아닐까. 우리가 도달할 궁극의 목적지는 죽음 저편의 세계일 뿐. 이 끝없는 여행의 길에서 오늘 또 이렇게 좋은 사람들을 만나 자극을 받고, 성장할 기회를 얻었다. 지구를 떠나는 그날까지 이렇게 계속 성장하며 살아갈 수 있을까. 아름다운 가을밤이다.

사티쉬 쿠마르와 함께 명상하듯 걸었던 정원

혼슈 本州
겨울에서 봄으로

절인 도미의 잇몸도 시리구나,
생선 파는 집 — 바쇼

鹽鯛の歯ぐきも寒し魚の店

가도 가도 그리운 옛 도읍
교토 아타고 산과 아라시야마

　서울은 오늘 따스하고 화창하다. 겨울 햇살이 가득 쏟아져 들어오는 탑승 라운지. 창밖에는 날개를 활짝 펴고 날아오를 준비를 하는 비행기들. 석 달 만에 다시 공항이다.

　공항은 내게 친숙한 공간이자 여전히 가슴 두근거리는 곳이다. 알랭 드 보통은 우울할 때면 히스로 공항으로 가 끊임없이 뜨고 내리는 비행기를 보며 마음을 달랜다고 한다. 공항에 대한 내 애착이 그 수준은 아니지만, 적어도 공항은 내 발에 날개를 달아주는 공간이다. 내가 사랑하는 것은 탑승 라운지의 거대한 통유리창, 대목을 지난 시장처럼 가라앉은, 비행기가 막 뜨고 난 후의 고즈넉한 라운지, 하늘빛 제복을 입고 지나가는 스튜어디스들의 뒷모습, 멀리서 날아온 이들의 몸에서 나는 이국적인 냄새. 조금 일찍 도착해 텅 빈 라운지에서 책을 읽으며 탑승 안내 방송을 기다리는 일도 빼놓을 수 없다. 신선한 공기를 마실 수 없고 도중에 내릴 수도 없는 비행기 그 자체만큼은 도무지 정이 가지 않지만, 공항이 풍기는 분위기에는 마음이 흔들린다고나 할까.

오사카로 가는 NH 172편 항공기는 예정된 시각에 정확히 날아오른다. 들고 간 책 『보통의 존재』에 마음을 빼앗겨 몰입하다 보니 비행기는 어느새 바퀴를 내리고 있다. 간사이 국제공항에서 올라탄 버스는 두 시간 후 교토 역에 들어선다. 잠시 후 마유미가 다가와 반갑게 인사를 건넨다. 바로 그녀와 남편 테리(그는 일본이지만 친구들은 모두 그를 미국식 애칭인 테리라 부른다)가 살고 있는 집으로 간다. 작은 마당이 있는 단독주택은 테리가 나고 자란 곳이다. 낡은 집을 허물고 13년 전에 새로 지은 이 이층집에서 나는 앞으로 열흘간 머물 예정이다.

2009년 가을, 교토에서 신이치 선생님과 함께 사티쉬 쿠마르 선생님을 만나는 자리에서 테리 부부와 처음 인사를 나누었다. 그때 마유미가 내게 말했다.

"다음에 교토 오면 우리 집에 머무세요."

일본에서도 혼네(속마음)와 다테마에(겉마음)가 다르기로 유명하고, 차갑고 도도해 사귀기 어렵다는 교토 사람에게 초대를 받다니, 내가 그 기회를 놓칠 리 없다. 마유미의 제안을 마음속에 꼭꼭 쟁여놓고 있었는데, 작년 겨울 테리가 신이치 선생님과 함께 서울을 찾았다. 평화운동가 마사키 다카시 상이 이끄는 Walk 9(일본의 과거사를 사죄하고 헌법 9조의 정신을 수호하자는 의미에서 일본인들이 조직한 한국 순례단)의 순례를 격려하기 위한 방문이었고, 나는 사흘간 일행을 모시고 다녔다. 그때 다시 테리가, 교토에 오면 자기 집에 머물러달라고 청했다. 그 말 한마디에 테리와 마유미는 앞으로 열흘간이나 손님을 치르게 생겼다.

까다로운 교토 사람들에 대해 재미있는 일화가 있다. 교토 사람 집에 초대를 받아 간 손님이 너무 오래 머문다 싶으면 주인이 이렇게 말을 한다. "오차즈케라도 드시겠어요?" 오차즈케는 녹차에 고명을 얹어 말

절 안내문을 읽고 있는 테리와 마유미 부부

아 먹는 밥으로, 만들기도 쉽고 먹기도 쉬운 요리. 빨리 먹고 빨리 가줬 으면 하는 바람을 드러내는 음식이란다. 일본 사람이라면 누구나 다 아 는 이 농담을 내게 들려주며 "교토 사람들은 거만한 데다 겉 다르고 속 다르니 조심해"라고 한 것도 일본인 친구들이었다. 나는 테리와 마유미 에게 교토 사람 집에 머물게 된 내 기쁨을 이렇게 전한다.

"교토 사람 집에 머물며 오차즈케라도 먹겠느냐는 질문을 꼭 듣고 싶었어요."

테리가 웃으며 답한다.

"보통은 3대 정도가 어느 한 마을에 살아왔다면 그곳 사람이라고 하는데, 교토에서는 최소한 몇 백 년 이상 선대가 살았어야 교토 사람이라고 하지. 나나 마유미나 양친이 이곳 태생이 아니니 우린 진정한 교토 사람이라고 할 수 없어."

어쨌든 난 지금 '교토징'의 집에 와 있다. 저녁 식사는 교토의 명물 '유도후 나베(두부 냄비 요리)'다. 부드럽고 고소하면서도 담백한 두부의 맛이 빼어나다. 물맛 좋은 교토여서 이 고장 두부는 맛있기로 소문 났고, 그 이름값을 한다. 식사 시간에 테리의 어머님께 인사를 드렸다. 구순을 넘기신 어머님은 나이를 읽을 수 없을 만큼 곱고 정정하시다. 청력이 약해지셨을 뿐, 기억력도 또렷하시단다.

테리와 함께 설거지를 마친 후(이들이 나에게 유난한 손님 대접을 하지 않아 마음이 외려 편하다) 셋이 머리를 맞대고 앉아 내일 일정을 의논한다. 마유미가 일주일에 한 번씩 한국말을 배우는 터라 간간이 한국말을 섞어가며. 교토의 유명한 관광지 중 그동안 가본 곳과 아직 못 가본 곳을 짚어가는데 테리가 끼어든다.

"우리 아버지는 교토의 가장 대표적인 관광지에 평생 한 번도 가지 않았다는 사실을 무척 자랑스러워하셨지."

"거기가 어딘데요?"

"바로 킨카쿠지."

킨카쿠지, 즉 금각사라면 정말 교토 여행객들이 반드시 들르는 유명한 절이다. 나도 교토에 처음 왔을 때 제일 먼저 그곳을 찾아갔다. 테리의 아버지는 스님이자 불교철학 교수였는데, 그런 화려한 절 따위에는 눈곱만큼의 관심도 없었다고 한다.

일본에서 배우 배용준의 위상에 관한 이야기로 화제가 건너간다.

"노벨평화상은 김대중 전 대통령이 아니라 배용준이 받았어야 했어."

테리의 농담이다. 그만큼 배용준이라는 한 배우가 일본 사람들의 마음을 여는 데 큰 역할을 해냈다면서. (실제로 일본에는 '용겔지수'라는 말이 있다. 주부들이 배용준 때문에 쓰는 가계 지출을 뜻한다. 아내가 배용준을 사모하는 걸 남편이 이해하지 못해서 부부관계가 틀어지는 '욘사마 이혼'이라는 말도 있다.)

내가 머무는 방은 마유미가 쓰던 방인데 한국적인 물건들로 가득하다. 마유미가 책을 보며 만들었다는 조각보며, 쿠션, 베개, 버선이 놓여 있고, 벽에는 횃대도 걸려 있다. 책장에는 『조선통신사』, 『조선 고고학 75년』, 『한국의 미를 찾아가는 방법』, 『한국 민예의 맥』, 『이조 가구』, 『한국 요리』, 『박물관 들여다보기』, 『설빔』, 『백토에 핀 철화의 향연』 등 한국 관련 책들이 꽂혀 있다. 보자기 전시회를 알리는 포스터에, 배용준과 효재의 책까지. 낯선 방이지만 덕분에 편안하게 잠들 것 같다.

아침 일찍 테리와 궁내성으로 갔다. 교토에서도 방문하기 가장 까다로운 두 곳의 입장을 신청하기 위해서. 황실의 별궁인 가쓰라리큐(桂離宮)와

히에이 산의 발치에 누운 슈가쿠인리큐의 정원

슈가쿠인리큐 |修學院離宮|. 두 곳 다 미리 예약한 방문객들만 받아들이고, 가이드의 인솔 아래 단체로만 둘러볼 수 있다. 외국인은 당일 신청이 가능하지만, 일본인은 미리 예약을 해야 한다. 보통 한두 달 전에 예약해야 할 정도로 인기가 높다고 한다. 오늘 테리는 외국인을 데려온 일본인이라 예약 없이도 입장이 가능하다.

우리는 슈가쿠인리큐부터 찾아간다. 17세기 중반에 지어진 황실 소유의 별궁. 겨울철인 데다 평일이어서 그런지 방문객은 단출하다. 드넓은 부지에 세 채의 다실과 정원으로 이루어진 이곳은 가을 단풍이 아름답다는데 겨울의 고즈넉함도 괜찮다. 히에이 산의 발치에 누운 정원들은 고도를 달리하며 세 곳으로 나뉘어 있는데, 높이 올라갈수록 교토의 마을과 산이 한눈에 들어오는 조망이 빼어나다. 가장 높은 곳에 자리 잡은 정원 가미노차야의 툇마루에 걸터앉아 주변을 내려다본다. 오래

가쓰라리큐로 들어서는 입구의 대나무 담장이 조신하다.

된 나무다리가 놓인 연못 주위로 돌이 깔린 산책로가 구불구불 나 있고, 야트막한 언덕들이 정원을 감싸 안듯 부드럽게 펼쳐진다.

궁궐 근처에서 미소우동으로 점심을 먹은 후 가쓰라리큐로 향한다. 1624년에 천황의 이복형제가 조성한 이 별궁의 정원은 '일본 최고의 정원'이라는 찬사를 받는 곳이다. 황실 별궁인데도 건물이 믿을 수 없이 소박하다. 가쓰라 강에서 물을 끌어들인 연못을 중심으로 몇 채의 다실이 서 있다. 아쉽게도 정원 공사 때문에 연못의 물을 다 뺀 상태라 분위기가 좀 삭막하다.

돌을 깐 정원의 산책로와 잘 가꾸어진 나무들, 그 자리마저 하나하나 정교하게 계산해 놓은 듯한 석등이 전형적인 일본 정원의 양식을 드러낸다. 독일 건축가 부르노 타우트는 이곳을 방문한 후 "울고 싶어질 만큼 아름답다"라고 탄복했다는데, 장식성이 강한 일본식 정원은 내 취향이 아니라 그 정도의 감흥은 없다. 이곳의 가이드는 어찌나 황송할 정도로 공손한 존대어를 구사하는지 테리의 통역이 없었더라면 한 마디도 못 알아들을 뻔했다. 이 정원에서 인상적인 곳은 호수 위로 뜨는 달을 감상할 수 있게 툇마루를 앞으로 뺀 쓰키미다이丨月見台丨다. 옛부터 가쓰라는 달 보기의 명소였는데 안타깝게도 지금은 아무도 이곳을 사용하지 않는단다. 황실 사람들은 달을 보러 올 만큼 한가하지 않다나. 저 툇마루를 내게 빌려주면 한 사흘 달빛을 벗 삼아 잘 노닐 텐데…….

불의 신이 머무는 곳, 아타고 산

오늘도 교토의 하늘은 맑다. 부엌으로 내려가니 마유미가 김밥을 싸고 있다. 그것도 한국식으로! 도시락과 보온병을 배낭에 담고 집을 나선다. 오늘은 테리, 마유미와 함께 아타고 산愛宕山을 오르는 날이다. 입구에 차를 세워두고 산길로 들어선다. 계단식 길의 오르막이 제법 가파르다. 이 오르막이 정상까지 이어질 줄이야.

주변은 키 큰 삼나무 숲이다. 삼나무는 일본 산에서 쉽게 볼 수 있는 수종이어서, 가구재나 건축재로 일상에서 가장 많이 쓰이는 나무다. 테리가 이 삼나무 숲의 폐해를 말해준다. 1940년대에 전쟁으로 인해 대도시 주변의 삼림이 파괴되자 일본 정부는 성장이 빠른 삼나무 심기를 적극적으로 장려했다. 습기에 강하고 따뜻한 곳에서 잘 자라는 삼나무는 얼마 지나지 않아 일본 열도의 숲을 뒤덮기 시작했다. 인공 조림한 나무들 가운데 삼나무의 비중이 44퍼센트에 이를 정도로.

하지만 곧 삼나무 숲은 부작용을 드러내기 시작했다. 숲이 단일종화되면서 숲의 자연스러움이 망가졌고, 삼나무의 열매는 먹을 수가 없기 때문에 동물들을 쫓아내는 결과를 불러왔다. 또 삼나무의 꽃가루가 알

아타고 산으로 향하는 길의 삼나무들

레르기를 일으켜 봄마다 3000만 명의 일본인들을 괴롭히고 있다. 우람하게 잘 자란 이 나무들이 그런 폐해를 불러일으키다니, 역시 인간이 함부로 손댄 자연은 인간의 경솔함에 나름의 복수를 하는 걸까.

올라가는 길섶 여기저기에 빨간 앞치마를 두른 '오지조상'이 보인다. 오지조상, 즉 지장보살은 아이들의 수호신이다. 죽은 아이의 천도를 기원하는 뜻에서 붉은 앞치마(직접 만든 것이어야 한다)가 지장보살의 목에 걸려 있다. 지장보살은 또 여행자의 수호 보살이기도 해 내게는 친근한 보살님이다.

두 시간 남짓 오르막을 오르니 정상이다. 해발고도 924미터. 신사의 건물들이 늘어서 있다. 이 신사는 불의 신을 모시는 곳이라 교토 사람들이 해마다 화재를 예방하는 부적을 사기 위해 찾아오곤 한다. 또 7월의 마지막 밤에 이 산을 오르면 1000일간 행운이 따른다는 말이 있어 그날 밤은 랜턴 불빛이 온 산을 밝힌다.

신사를 둘러본 후 주변의 벤치에서 따뜻한 차와 김밥으로 점심을 먹는다. 여기저기 혼자서 점심을 먹는 노년의 남자들이 보인다. 그들의 점심은 빵이나 사 온 도시락이다. 그동안 일본에서 산행을 할 때면 나도 저렇게 편의점 도시락을 혼자 먹곤 했는데, 오늘 내게는 동행에다 집에서 만든 김밥 도시락까지 있어서 행복하다. 날이 갑자기 추워져서 빨리 밥을 먹어야 했던 점만 빼고.

이제 내려가는 길이다. 얼마 못 가 날씨가 변덕을 부린다. 햇살이 따스하게 내리쬐는 게 마치 봄날 같다. 게다가 침엽수가 아닌데도 푸른 잎이 그대로 달린 나무들이 많아 봄날 산길을 걷고 있는 듯하다. 큰 불상이 서 있는 가쓰린지를 지나 다카오의 갈림길에 들어선다. 기요타키가와 강을 따라 길이 이어진다. 여름이 오면 수영을 즐기거나 소풍을 나온 사람들로 붐비는 길이라는데 오늘은 조용하기만 하다. 2킬로미터 남짓한 이 강변길은 걷기 편하고, 예쁘다. 여름밤에는 이곳에 반딧불이들이 반짝반짝 빛을 내며 날아다니고, 자이언트 도롱뇽들이 바위 위를 돌아다닌다고 한다.

이곳 다카오 주변으로는 진고지와 사이묘지, 고잔지 세 개의 절이 있다. 진고지는 진언종을 창시한 고보 다이시|弘法大師|가 초대 주지 스님으로 머물렀던 절인 데다 일본 3대 명종의 하나인 범종으로 유명하다. 사이묘지는 절 들머리에 기요타키가와 강이 흐르는 단풍의 명소.

다 가보고 싶은데, 문 닫을 시간이 다가와 마유미가 추천한 고잔지만 둘러본다. 세계문화유산에 등재된 이 절은 774년에 창건한 고찰이다. 이 절을 유명하게 만든 건 일본에서 가장 널리 알려진 두루마리 그림이다. 토끼와 개구리가 씨름을 하는 등 의인화한 동물들을 그려 조주진부 쓰기가｢鳥獸人物戱畵｣로 불리는데 아쉽게도 모사화만 공개되고 있다. 교토의 기념품 가게나 도자기 가게에서 흔히 볼 수 있는 바로 그 동물 그림이다.

이 절에는 한국의 유명 고승들과 관련된 그림도 소장되어 있다고 마유미가 알려준다. 원효와 의상 대사의 전기를 담아낸 여섯 폭짜리 두루마리 그림 〈화엄연기〉인데 이 그림도 일반인에게는 공개하지 않는다.

마유미는 교토의 문화재와 역사에 지식이 해박하다. 오늘도『교토 속의 조선』이라는 책을 들고 와 교토의 문화재 중에 조선과 관련 있는 부분을 짚어준다. 중고등학교 시절부터 역사에 관심이 많았던 그녀는 대학에서도 역사를 전공했다. 그녀가 한국에 관심을 갖게 된 계기는 일본어를 가르치며 만난 한국인들의 다정함 덕분이었다. 하지만 테리의 공부 때문에 미국에 오랫동안 사는 동안 한국에 대한 관심이 수그러들었다. 일본으로 돌아온 후, 배용준을 사모하는 친구 덕분에 다시 한국에 관한 책과 영화를 접하기 시작했다. 역사와 문화에 관심이 많은 그녀는 자연히 한일 간의 비극적인 역사와 일본 안에 깃든 한국의 흔적을 찾아가기 시작했다. 이렇게 공부한 역사를 두 딸 아즈사와 사야카에게 들려주면 한결같은 반응이 돌아온단다. "거짓말 같아." 그럴 법도 하다. 학교에서는 배운 적이 없는 이야기들뿐이니.

집으로 돌아와 테리와 마유미가 권하는 한일 합작 영화를 봤다. 이준기와 미야자키 아오이가 주연한 〈첫눈〉. 이 영화를 권한 이유는 영화 속 배경으로 교토의 아름다운 곳들이 다 나오기 때문이란다. 영화의 스토리는 도무지 상상력을 발휘할 틈을 주지 않는다. 서울과 교토의 명소들이 등장한다는 점만 빼면 너무 뻔한 이야기.

저녁을 먹고 난 후 마유미가 내게 기모노를 입혀줬다. "언젠가 꼭 기모노를 입어보고 싶어요"라고 지나가듯 말했는데, "그야 어려울 것 없지. 지금 당장이라도 입어볼 수 있어"라며 바로 기모노를 꺼내 왔다. 세상에, 이렇게나 복잡한 옷이 있다니. 한복의 불편함은 기모노에 비교할 수도 없다. 무엇보다 등판에 허리띠인 오비를 고정시키기 위해 열 개가 넘는 띠를 두르고 묶어야 한다. 혼자서는 쉽게 입지 못할 옷이다. 내가 입어본 앤틱 기모노를 마유미가 선물로 주겠다고 했지만 도저히 입을 자신이 없어서 사양했다. 기모노를 입은 내 모습은 의외로 양갓집 규수의 자태다.

대숲에 일렁이는 바람소리, 아라시야마

오늘은 나 혼자 교토를 돌아다니는 날. 집에서 가까운 아라시야마로 향한다. 아라시야마 역에 내려 도게쓰쿄〔渡月橋〕를 건넌다. 오이가와 강 위에 걸린 이 다리는 '달님이 건너는 다리'라는 예쁜 이름을 지녔다. 원래는 다른 이름이었는데 1272년, 나들이에 나섰던 천황이 "환한 달이 다리를 건너가는 듯하구나"라고 탄복한 후 새 이름을 얻었다나. 나무로 만든 이 다리는 단순하면서도 품격이 있어 보는 순간 내 마음을 앗아간다. 봄에는 강변의 벚꽃이 길목을 환히 밝히고 가을이면 붉은 단풍이 화려한 아라시야마의 명물이다. 다리 위에 멈춰 서서 바라보는 산과 강변, 마을의 풍경이 눈과 마음을 시원하게 한다. 헤이안 시대부터 귀족들이 이곳에 다투듯 별장을 짓고 문인들이 은둔하며 글을 쓰던 까닭을 알 것 같다. 아라시야마에서 사가노로 이어지는 이 지역은 자연의 아름다움을 벗 삼아 거닐기 좋은 곳이다.

다리를 건너자마자 나오는 덴류지로 들어선다. 1345년에 창건된 이

아라시야마의 얼굴인 도게쓰쿄는 단아한 여인의 자태 같다.

절은 임제종 덴류지 파의 사찰로 세계문화유산에 등재되었다. 이 절을 유명하게 만든 건 '일본 정원의 교과서'로 불리는 소겐치 정원. 선승이었던 무소 소세키가 선수행의 한 방법으로 정원을 만들었다고 한다. 연못 주변의 푸른 소나무와 하얀 모래가 대비를 이루고, 3단 폭포 아래 놓인 돌다리가 앙증맞다. 본당으로 들어서니 가노 단유(狩野探幽, 1602~1674)가 그린 〈운룡도〉가 시선을 끈다. 구름을 뚫고 승천할 듯 포효하는 용의 기상이 매섭다.

덴류지를 나와 노노미야진자로 길을 꺾는다. 좁은 골목 안쪽에 들어선 노노미야진자는 일본 문학의 최고봉으로 꼽히는 장편소설『겐지 이야기(源氏物語)』에 등장한 유서 깊은 신사다. 무라사키 시키부(紫式部,

노노미야진자와 사랑을 기원하는 부적들

978~1016)라는 여성이 쓴 이 소설은 세계에서 가장 오래된 연애소설로 종종 언급된다. 헤이안 시대의 귀족 사회를 배경으로 히카루 겐지라는 황태자의 파란만장한 삶과 사랑을 다룬 대하 연애소설. 읽어볼까 생각도 했지만 열 권이나 되는 장편이라 엄두가 나지 않았다. 3대에 걸친 귀족사회의 사랑과 고뇌를 통해 헤이안 시대 궁중과 귀족들의 삶을 생생하게 묘사했다고 한다. 이곳 노노미야진자는 그 주인공 겐지가 편력한 수많은 여성 중 한 인물과 어느 깊은 가을밤 아쉬운 이별을 나누는 장소로 등장했다.

그런데 이 신사, 분위기가 좀 껄끄럽다. 커플에게는 할인티켓이라도 뿌리는지 사방을 둘러봐도 온통 연인들이다. 혼자서 이 신사를 어슬렁거리는 여자는 나밖에 없다. 1년 365일 젊은 연인들로 이 신사가 북적이는 이유는? 이곳이 인연의 신을 모시는 신사이기 때문. 부적을 사고 소원을 비느라 바쁜 연인들을 바라보다가 문득 드는 생각. 나도 돈으로 인연의 신의 환심을 사볼까? 역시 귀찮다. 저 긴 줄에 끼어들기는.

신사 입구의 검은 나무 도리이를 나서서 우거진 대숲 길로 들어선다. 오랫동안 내 마음속의 로망으로 남아 있던 길, 교토에서 가장 와보고 싶었던 그 길이다. 교토를 선전하는 포스터나 엽서에 빠짐없이 등장하는 그 대숲 길. 덴류지 북문 근처로 이어지는 대숲 지쿠린|竹林|은 교토 명소 중의 명소다. 빽빽하게 하늘을 가린 대숲에 들어서는 순간, 몸도 마음도 서늘해진다. 배낭을 내려놓고 길모퉁이에 주저앉는다. 고개를 뒤로 젖히고 대나무들을 올려다본다. 한 번도 본 적 없는 아름드리 대나무들이 하늘로 긴 몸을 뻗고 있다. 어디까지 닿으려고 저토록 몸을 펴는 걸까. 누구를 위해 저토록 잎들을 흔들어대는 걸까. 날이 흐려 대숲의 초록빛이 더 깊고 진하다. 대숲을 빠져나가는 바람소리에 귀를 열

대숲을 쓸고 가는 바람소리에 세월을 잊는다.

고 앉아 있자니 어느새 지나가는 사람들도 하나 둘 지워지고, 이 깊은 숲이 온전히 내 것으로 다가온다. 할 수만 있다면 저 대숲에 한나절쯤 누워 있고 싶다. 대나무의 빈 몸을 통과한 바람이 어쩌다 내 몸속으로도 지나가 주지 않을까. 그렇게 바람과 햇살과 대나무와 놀다 일어설 무렵이면, 내 몸에도 푸른 기운이 조금은 감돌지 않을까.

겨우 대숲을 빠져나와 내리막길로 들어선다. 도롯코 열차가 달리는 선로를 지나 작은 연못을 끼고 이어지는 길. 아라시야마의 가을 풍경을 대표하는 절 조잣코지가 왼편에 서 있다. 작고 단아한 인왕문을 넘어 절 안으로 들어서니 게시판에 붓으로 써 붙인 헌법 9조가 마음을 끈다. 주지 스님이 사회참여에 적극적이신 걸까. 언젠가 신이치 선생님께 들은 이야기가 생각난다. 진보적인 사찰이 많은 교토의 절 중에는 한국의 민주화운동을 오랫동안 후원했던 절도 있다는. 1595년에 창건

이끼 이불을 덮은 나무 뿌리

된 일련종 사원인 조잣코지는 아라시야마와 교토 시내가 한눈에 내려다보이는 오구라 산 중턱에 자리 잡았다. 본당으로 올라가는 돌계단 양쪽의 잘 자란 단풍나무들이 가을 한 철 이 절을 소란하게 만들겠지 싶다. 단풍나무들을 뒤덮고 있는 이끼는 한겨울인데도 여전히 푸르기만 하다. 긴 참배로를 올라가 목조탑 옆에 서니 사가노와 다이몬지 산, 히에이 산이 한눈에 들어온다. 원숭이 몇 마리가 나뭇가지를 타고 이리저리 돌아다니고 있다. 이 절의 주지 스님 부인이 마유미의 친구라는데, 이런 풍경을 마음껏 누릴 수 있어 얼마나 좋을까.

절을 나와 라쿠시샤落柿舍로 향한다. 텃밭 한가운데에 서 있는 초가지붕의 작은 집. 내가 좋아하는 하이쿠 시인 바쇼芭蕉(1644~1694)의 제자 무카이 교라이向井去来(1651~1704)가 살았던 집이다. 바쇼도 제자를 찾아와 이곳에 머문 적이 있다고 한다. 일본의 민가 원형이 그대로 남아 있어 흥미롭다. 마당 한쪽에는 교라이와 바쇼의 시비도 서 있다. 마당의 벤치에 앉으니 잘 자란 감나무가 눈에 들어온다. 까치밥으로 남은 몇 개의 붉은 감을 먹기 위해 날아든 작은 새들의 몸짓이 부산하다. 빗방울이 듣기 시작한다. 이 집에 살던 시인이 "솔개의 깃털도 잘 마르지 않는 초겨울 비"라고 읊었던 그런 비.

니손인으로 가는 길에 비도 그을 겸 길가의 케이크 집에 들른다. '오늘의 케이크 세트'로 점심을 대신하는데 두 개의 케이크와 아이스크림 한 스푼이 700엔. '축소 지향의 일본인'이라더니, 케이크를 이렇게 작게 자를 수 있는 초정밀 기술이 경이롭다.

가마쿠라 시대에 만들어진 석가여래와 아미타여래를 모시고 있는 사찰 니손인과 이루지 못한 사랑 때문에 속세를 등진 연인의 전설을 품은 다키구치데라 절을 거쳐 기오지를 찾아간다. 아라시야마에 대한 정보를 찾아볼 때 짐작은 했지만, 오늘 하루는 그야말로 절과 신사에 바치는 날이다. 꼬박꼬박 내야 하는 입장료 때문에 지갑은 비어가지만, 절마다 제각기 사연과 역사가 깊은 데다 정취가 달라 어느 곳 하나 빠뜨릴 수가 없다.

기오지는 12세기 중반에 정권을 잡은 무사 다이라노 기요모리에게 버림 받은 기녀 기오가 출가한 절이다. 융단처럼 부드러운 정원의 이끼 사이로 서 있는 단풍나무들의 가녀린 몸피가 우아하다. 초가로 지붕을 이은 본당의 건물도 매력적이다. 오랫동안 교토 사람들의 묘지였던 아다시노넨부쓰지의 석탑과 석불을 보고 나와 내처 걷는다. 좁은 돌길 양쪽으로 기념품 가게들이 늘어섰다.

대나무로 만든 물건을 파는 가게에 들어서니 주인이 작은 대나무 잔에 호지차 한 잔을 건넨다. 따뜻하고 구수한 차 한 잔이 겨울 추위를 녹여준다. 나는 이곳이 무척 마음에 든다. 교토의 번잡함에서 벗어나 자연 속에 깃들인 동네는 고즈넉하고, 집들은 단아하다.

초가 지붕이 근사한 몇 채의 건물을 지나니 아타고 도리이. 이 길의 마지막 지점이다. 다시 온 길을 되짚어 아라시야마로 돌아온다. 오늘 걸은 코스를 마음속에 잘 담아둔다. 공원과 강변길, 마을길 사이를 걸으며 아라시야마의 유적지를 다 찾아갈 수 있는 길. 맑은 날 꼭 다시 걸으리라 다짐한다.

여전히 비가 내리고 있다. 산 위로 춤추듯 일어났다 사라지는 안개, 나지막한 집들, 강변 위의 우아한 도게쓰쿄. 아라시야마가 수묵화처럼 빗물에 번져가고 있다. 오래도록 그리워할 마을 하나를 이렇게 또 품고 만다.

이끼, 너도 꽃을 피우는구나.

싸락눈 듣누나, 이내 몸은
그 옛날의 늙은 떡갈나무 — 바쇼

霰聞くやこの身はもの古柏

첨단 기술과 미신이 공존하는 수수께끼의 나라
교토 구라마와 기부네, 히가시야마

오랜만에 보는 파란 하늘. 마유미와 함께 기차를 타고 구라마 역으로 간다. 맑은 하늘에서 싸락눈이 흩날리는 이상한 날씨. 우리는 구라마에서 기부네까지 이어지는 산길을 걸을 예정이다. 기차로 30분 남짓 달려왔을 뿐인데, 구라마는 어딘가 먼 시골로 와버린 기분이 들 정도로 한적한 산간 마을이다. 기타야마 산군에 둘러싸인 이 지역은 오랫동안 교토 사람들이 도시의 열기와 소음을 피해 찾아온 곳이다. 우리는 구라마 역 앞에서 시작해 구라마 산을 넘어 구라마데라를 지나고 기부네로 내려서는 두 시간짜리 하이킹을 즐길 예정이다.

구라마 역을 나서니 길고 거대한 코를 가진 빨간 도깨비, 텐구가 서 있다. 12세기 후반의 어느 유명한 무사가 이곳 구라마 산에서 텐구의 지도를 받아 무술을 익혔다는 전설이 있단다.

오르막을 살짝 오르니 곧 구라마데라 절이다. 입장료를 내고 절로 들어서니 얼마 못 가 유키진자. 교토의 북쪽 지역을 안정시키기 위해 세운 신사라는데 경내의 수령 500년 삼나무 거목이 늠름하다. 거대한 삼나무들과 눈을 맞추며 걷는 길. 구라마 산은 울창한 기타야마 삼나무와 가을의 단풍나무로 이름을 얻은 산이라고 한다. 한겨울 오전에 이 산길을 걷는 사람은 우리 둘뿐이다.

교토의 어느 절에서 '우는 아이 잠자게 해주는 부적'을 보았다고 했더니 마유미가 웃으며 말한다.

"일본의 모든 신사와 절은 저마다 특화된 분야가 있지."

"이런 걸 볼 때면 일본이 너무 재밌어요. 첨단 과학기술을 자랑하는 나라에서 미신이나 점, 부적에 이토록 의존하다니."

"이런 문화에는 장단점이 있어. 인간이 미천한 존재임을 잊지 않는 건 좋은 점이지. 하지만 결국 돈을 버는 건 신사야."

"처음에 일본에 왔을 때는 어디나 신사가 서 있고, 온갖 신들을 다 섬기며 사는 모습이 참 보기 좋았어요. 세상에 존재하는 모든 생명에 신의 마음이 깃들어 있다고 믿는 겸허함이 아름답잖아요. 하지만 그걸 표현하는 방법이 이처럼 물질적이라니……. 신의 가호를 하나에서 열까지 다 돈으로 구입하는 풍습이 씁쓸해요."

"그런데 다들 그런 식으로 오염되어 있지."

하긴 그게 어디 일본만의 이야기일까. 평안을 얻으려고 돈을 바치는 대상이 한국은 절과 교회인 반면, 일본은 신사라는 게 다를 뿐.

해발고도 410미터에 자리 잡은 구라마데라의 본전 금당을 지나 몇 채의 작은 암자를 통과하니 곧 기부네. 작은 다리를 건너 기부네 마을로 들어선 후 강변을 따라 기부네진자로 향한다. 가모가와 강 상류에 세워진 이 신사는 물의 신을 모시기 때문에 치수 관계자들이 즐겨 찾는다고 한다.

나무들의 뿌리를 밟고 지나가는 길

일본의 신사는 수많은 전설과 미신의 고향이다.

기부네진자에는 재미있는 전설이 전해진다. 헤이안 시대, 교토에서 기부네진자까지 매일 밤 15킬로미터를 걸어다닌 여인에 얽힌 이야기다. 그 여인이 밤마다 신사를 찾아온 이유는 바로 바람 난 남편 때문이었다. 그녀는 이곳 신사에 남편과 내연의 여인 인형을 만들어놓고 밤마다 저주를 퍼부으며 인형들을 때렸단다. 붉은 옷을 걸치고 머리에는 철로 만든 띠에 초 세 개를 꽂은 채로 밤마다 걸어 다녔다니 얼마나 섬뜩한 모습이었을까. 어쨌든 그녀의 저주로 몸이 아프기 시작한 남편이 당시 유명한 무당이던 아베노 세이메를 찾아갔다. 신기로 자초지종을 알아낸 무당, 한바탕 굿판을 벌여 남편의 몸에 쓰인 아내의 저주를 벗겨냈다. 이 이야기는 전통극 '노'의 드라마로도 차용되었는데 제목은 쇠머리띠를 뜻하는 〈가나와〉라고 한다.

맑은 강물이 흘러가는 계곡을 따라 다시 걸어간다. 문 닫은 식당들이 강변을 따라 늘어서 있는 모습이 의아했는데, 알고 보니 여름이면 계곡물에 발을 담근 채 요리를 즐기는 사람들로 번잡해진단다. 식당에서 계곡에 테이블을 내놓고 영업을 한다면, 아무나 들어가기 어렵지 않을까.

열시에 구라마 역에서 시작한 하이킹이 한시 조금 못 미쳐 끝났다. 교토 시내로 돌아가 산조에서 테리와 합류한다. 다음 행선지는 고려미술관. 나는 교토에 이런 곳이 있는 줄도 몰랐는데 테리는 이 미술관의 오랜 후원자다. 그래서 늘 두 명의 손님까지 무료로 초대할 수 있다고.

고려미술관은 여섯 살 때 부모와 함께 일본으로 건너온 정조문 씨의 피와 땀이 어린 곳이다. 일본인들의 차별과 멸시 속에서 굴욕적으로 살아가던 그의 삶은 서른일곱 살 때 교토의 어느 골동품 가게에서 조선 백자 달항아리를 만나면서 달라졌다. 그 따스하고 고요한 아름다움에 반해 그때부터 사재를 털어가며 일본 전역에서 조선의 미술품을 수집하기 시작했던 것이다. 더 나아가 작가 시바 료타료, 교토 대학 교수 우에다 마사키 등과 함께 잡지 《일본 속의 조선 문화》를 창간하고, 유적을 수십 차례 답사하며 일본인들에게 조선의 미와 아름다움을 전파했다. 그리고 평생을 바쳐 수집한 1700여 점의 한국 골동품을 전시하기 위해 가옥, 토지와 모든 재산을 털어 재단법인 고려미술관을 설립했다. 그 수집품들은 북도, 남도 아닌 통일된 조국에 돌아갈 때 가져갈 선물이었다고 한다.

조용한 주택가에 위치한 미술관의 마당에는 석상이 늘어서 있고, 옥상에는 항아리와 옹기들이 햇볕에 익어간다. 소장품을 중심으로 상설 전시와 기획 전시가 함께 열리는데, 호랑이 해를 맞은 기념으로 지금은 〈한국과 일본의 호랑이〉 전이 열리고 있다. 조선 민화에 나타난 호랑이 그림들과 일본 사찰에서 빌려온 일본의 호랑이 그림들, 호랑이와 관련된 이런저런 물품을 전시해놓았다. 어째서 이 미술관이 가이드북에 소개되지 않았는지 안타깝고 아쉬울 뿐이다. 테리 덕분에 즐겨 찾고 싶은 곳의 목록에 또 하나가 추가되었다.

학교를 마친 사야카를 데리러 테리는 돌아가고, 마유미와 나는 오차야상에 가서 말차를 구입했다. 집으로 돌아와 저녁 준비를 돕는다. 오늘 저녁에 신이치 선생님 친형이 오신다고 해서 마유미의 손이 바쁘다.

"그는 쓰지와는 정말 달라."

마유미의 말에 내가 묻는다.

"어떻게 다른데?"

"만나보면 알게 될 거야."

그 말대로 고이치 선생님은 동생인 신이치 선생님과는 외모부터 다르다. 신이치 선생님은 180센티미터가 넘는 큰 키에 마른 몸인데, 고이치 선생님은 나보다 조금 더 큰 키에 다부지고 단단한 몸이다. 신이치 선생님이 매사에 솔직하게 자신의 의견을 표현하는 편이라면, 고이치 선생님은 좀 더 조심스러우면서도 다정하게 말씀하신다. 내일 내 일정에 대한 이런저런 조언(미미즈카와 가와이 간지로 박물관을 추천하셨다)도 해주시고, 직접 쓴 책도 선물해주셨다. 고이치 선생님의 직업은 건축가. 최근 생태 주택으로 각광 받는 스트로베일 하우스ㅣstrawbale houseㅣ가 전문 분야다. 스트로베일 하우스는 단열재로 볏짚을 써서 벽체를 쌓고 흙미장으로 마감하는 방식으로 짓는다. 원래 습도가 높은 일본에는 잘 맞지 않는 집인데 공기가 흐르는 구조를 만드는 등 특별한 처리를 해서 일본 기후에 적응시켰다고 한다. 벽 두께가 40센티미터인 이 집은 겨울에는 따뜻하고 여름에는 시원해 에너지를 절약하게 해주는 친환경 건

축이다.

고이치 선생님이 한국을 처음 여행했을 때 일어난 일을 들려주셨다. 가까이 지내는 김명희 씨가 "첫 한국 여행은 꼭 제가 안내하겠습니다"라고 늘 얘기해오던 터라 그녀에게 안내를 부탁했다. 김명희 씨가 선생님을 모시고 처음 찾아간 곳은 옛 서대문 형무소 자리. 바로 일본 경찰이 한국인을 고문하고 취조하던 곳이다. 그날 그곳에는 마침 초등학교 아이들이 견학을 하고 있었다. 그중 한 아이와 선생님이 눈이 맞고 말았다. 눈치 빠른 꼬마가 "일본 사람이다!"라고 외쳤고, 그 말에 반 아이들 모두가 일제히 그를 돌아보았다. 분명 순진무구한 증오의 눈초리였으리라. 아이들의 담임선생님이 당황했고, 고이치 선생님도 마치 자신이 고문경찰이라도 된 듯 난처했다고 한다. 잊지 못할 서울에서의 첫 경험이었단다.

고이치 선생님이 돌아가신 후, 마유미가 커다란 꾸러미를 내민다. 풀어보니 말차를 마실 때 필요한 차완, 차를 담는 나무통, 다과를 올려놓는 종이, 차완을 닦는 천, 차를 내는 나무접시 등 말차를 즐기기 위한 모든 물품이 들어 있다.

"세상에, 이걸 언제 다 준비했어요?"

"차완은 싼 걸 샀으니까 깨져도 괜찮아. 편하게 쓰면 돼. 나머지는 다 집에서 쓰던 것들이니까 전혀 부담 느낄 필요 없어."

내가 말차를 좋아하는 걸 기억해뒀다가 이렇게 챙겨주는 마음이 무척 고맙다. 정말이지 이 여인의 배려심은 세계문화유산 등재감이다. 언제 이 신세를 다 갚을 수 있을까.

가장 교토적인 거리, 기요미즈데라 주변

어제 고이치 선생님이 추천한 미미즈카를 향해 나 홀로 걷고 있다. 하늘은 파랗고 2월의 공기는 맵고 맑다. 도요쿠니진자 방향으로 접어들어 신사 앞 횡단보도를 건너 내려가니 미미즈카다. 거대한 무덤. 이렇게 큰 무덤일 줄은 미처 생각지 못했다. 임진왜란 때 살해당한 조선인들의 귀와 코를 잘라 소금에 절여 갖고 와서는 석탄에 섞어 파묻은 곳. 고요한 아침 풍경 속에 아무렇지 않게 서 있는 무덤. 이 잔혹하고 어리석은 무덤을 한동안 바라보다가 고개를 숙이고 기원한다. 조상님들의 명복과 두 나라 사이의 화해와 평화를. 어디선가 나타난 일본인 단체 관광객이 가이드의 설명을 듣고 있다. 그들은 무슨 생각을 하고 있을까.

한 개인이 그렇듯 어떤 나라와 민족도 실수에서 자유로울 수는 없다. 우리가 베트남에서 저지른 실수처럼. 정도의 차이는 물론 있지만 일본의 식민지배와 태평양전쟁도 그런 실수라고 볼 수 있다. 중요한 건 같은 실수를 반복하지 않기. 실수를 반복하지 않으려면 고통스러운 과거의 기억을 제대로 마주할 용기가 있어야 한다. 과거를 잊지 않아야 같은 실수를 되풀이하지 않고 성장할 수 있으니까. 지금 내 곁에 있는 이 일본인 여행자들은 적어도 과거를 마주하고 기억하려는 용기를 낸 게 아닐까.

일본에는 성노예 문제나 강제징용 같은 부끄러운 과거사를 가르치면 학생들이 역사에 대한 긍지를 잃어버린다고 생각하는 사람들이 아직도 많다. 하지만 가르쳐야 할 것을 가르치지 않는 것이야말로 역사에 대한 긍지를 떨어뜨리는 일이 아닐까. 그런 면에서 한일 간의 비극적인 과거를 극복하기 위해 그 참혹한 과거를 인정하고 사죄하는 일에 자신의 삶을 바치는 소수 일본인들은 눈물 나도록 고맙고 기쁜 존재다. 일본군 성노예였던 송신도 할머니의 재판 투쟁을 다룬 다큐멘터리 〈나의 마음은 지지 않았다〉에 나오는 '재일 위안부 재판을 지원하는 모임'의 여성들. 한국인 강제징용자의 야스쿠니 합사 취하 소송 중인 이희자 씨의 삶을 그린 다큐멘터리 〈안녕, 사요나라〉에 등장하는, 일제강점기 한국인의 피해보상을 위해 활동하는 일본인들. 우익의 목소리가 점점 커지는 일본 사회에서 그런 활동을 하며 살아가기란 쉬운 일이 아닐 것이다. 그분들의 용기와 우애, 헌신적인 노력이 있어 한국과 일본의 관계는 미래를 향해, 느리지만 굳건한 발걸음을 내딛고 있는 것이리라.

무덤을 뒤로하고 걷는다. 가와이 간지로 박물관을 찾아가니 개관 시간이 열시다. 문을 열기까지는 한 시간도 넘게 기다려야 한다는 말. 다음을 기약하고 차완자카 거리로 건너간다. 내가 좋아하는 도자기 가게들이 늘어섰다. 교토를 대표하는 도자기 기요미즈야키를 판매하는 가게들이 많아 차완자카│茶わん坂│라는 이름이 붙은 거리다. 유명한 도예가의 작품이 아니라 해도 여기는 일본. 그 가파른 물가를 알기에 눈요기만으로 만족한다.

도자기 가게들에 정신이 팔려 걷다 보니 어느새 기요미즈데라의 입구. '기요미즈데라'라는 일본어보다 한자음 그대로 청수사│淸水寺│라 부르고 싶은 이곳은 겨울인데도 여전히 붐빈다. 교토를 대표하는 관광명소이기에 그렇겠지. 청수사는 242미터의 오토와 산 중턱에 창건되어 1200년의 역사를 자랑하는 고찰이다. 못을 하나도 쓰지 않고 지어진 거대한 본당에서 바라보는 탁 트인 전망과 사계절 풍경이 빼어나다. 이 본당의 무대를 '기요미즈노부타이'라 부르는데 일본에서는 큰 결심을 할 때 "기요미즈의 부타이에서 뛰어내릴 각오다"라고 말한다. 얼마 전 신이치 선생님도 그 표현을 그대로 쓰셔서 나를 웃게 만들었다. 한국말

산넨자카의 고풍스러운 골목길, 걷는 것만으로 행복해진다.

공부는 왜 안 하느냐는 내 책망 어린 질문에 "기요미즈의 부타이에서 뛰어내릴 각오로 시작해볼까나"라고 중얼거리신 것.

기요미즈데라는 매년 12월 21일, 그해의 일본과 세계 상황을 한 글자로 표현한 '올해의 한자'를 발표해 주목받는 곳이기도 하다. 청수사의 주지 스님이 커다란 종이에 붓으로 써내려 간 2009년 '올해의 한자'는 '新(신)'. 하토야마 신 내각이 탄생한 것이나, 신종플루 유행, 미국 메이저리그 이치로 선수의 9년 연속 200안타의 신기록, 그리고 미국 오바마 신 대통령의 취임, 그리고 일본의 재판원 제도나 고속도로 요금 할인 등의 신 제도 개시 등이 그 이유라고 한다. 올해의 한자는 무엇이 될지 살짝 궁금해진다.

'황금의 물', '장수의 물'로 불리는 명수답게 오토와 폭포 앞에는 오늘도 긴 줄이 늘어서 있다. 본당 뒤 지슈진자에서는 여고생들이 눈을 감고 바위 끝에서 다른 쪽 바위 끝까지 비실비실 걸어가고 있다. '사랑의 바위' 끝까지 무사히 가면 사랑이 이루어진다나. 지슈진자는 인연을 맺어주는 신을 모시고 있어 인연의 신사라 불린다. 그 이름에 걸맞게, 수학여행 온 여고생들이 '사랑을 부르는 부적'을 구입하느라 길게 줄을 서고 있다. 싱글이면서도 그냥 지나치고 마는 나는 아직 절박하지 않은 걸까, 감성이 메마른 걸까.

기요미즈데라를 나와 관광객으로 붐비는 거리 고조자카를 지나 산넨자카|産寧坂|로 접어든다. 기념품 가게, 도자기 가게, 식당과 카페…… 좁은 길을 사이에 두고 늘어선 이층 목조 건물들이 하나같이 멋스러워 눈을 뗄 수가 없다. 너무나 추운 날씨여서 발가락이 얼어붙을 것 같은데도 어딘가 들어가서 발을 녹이는 시간조차 아깝게 느껴진다. 그런데 이렇게 예쁜 길에 왜 그토록 무시무시한 속설이 생겨났을까. 여기서 넘어

기모노를 입고 절간으로 들어서는 여성들의 뒤태가 매혹적이다.

지면 3년 안에 죽는다니, 괜히 발에 힘이 들어간다. 이어서 펼쳐지는 니넨자카|二年坂|도 더할 나위 없이 예쁘다. 겨울인 데다 평일이라 다행이라는 생각이 든다. 봄가을에는 이 길이 얼마나 붐빌지 아찔하다.

 니넨자카를 지나 이 지역의 랜드마크로 불리는 야사카노토를 찾아간다. 완만한 비탈길 사이에 우뚝 선 이 오층 목조탑은 호칸지라는 절의 경내에 자리 잡고 있다. 호칸지는 한반도에서 건너가 호족이 된 야사카 가문의 안녕을 기원하는 사찰이었다고 하니 우리와도 인연이 깊다.

 돌담길이 예쁜 골목 이시베이코지를 둘러보며 조금 걸어가니 고다이지|高台寺|가 나온다. 이곳은 도요토미 히데요시의 부인 네네가 남편을 위해 세운 절이다. 임진왜란과 정유재란을 일으킨 장본인으로 우리에게는 결코 용서할 수 없는 이름인 도요토미 히데요시. 이 부부의 제사를 지내는 건물도 이 절에 남아 있어 기분이 착잡하다. 그래도 명승지로 지정된 정원의 단아함이 마음을 어루만져준다.

 고다이지에서 마루야마|円山| 공원으로 넘어가는 도중에 나오는 길 네네노미치의 긴 담장과 돌 깔린 길도 마음에 쏙 든다. 전봇대마저 땅속으로 묻어 거리의 운치가 더 살아난다. 어쩌자고 교토에는 이토록 멋스러운 길들이 많은지. 걸음이 자꾸 느려지는 만큼 시간은 빨리 흘러간다.

 마루야마 공원으로 들어선다. 벚꽃놀이의 대명사로서 봄이면 발 디딜 틈 없이 인산인해를 이룬다는 공원은 겨울 햇살 아래 고요히 가라앉아 있다. 교토에서 가장 오래된 이 공원은 넓이가 무려 10만 평에 이른다. 마른 나뭇가지들이 새잎을 내고 벚나무들이 무성하게 꽃을 피울 날을 상상하며 천천히 공원을 거닌다. 공원 안에 있는 요시미즈 료칸의 카페를 찾아가니 손님은 나밖에 없다. 나를 위해 일부러 불을 켜고 간단한 요리를 만들어주니 고맙기만 하다. 더 오래 있고 싶지만 절 문 닫

는 시간이 다가와 일어서야 한다. 정토종의 총본산인 지온인|知恩院|으로 가기 위해.

세계에서 가장 크다는 산몬의 규모가 멀리서도 보는 이를 압도한다. 이 절의 본당에서, 경을 읽으며 목탁을 두드리는 스님을 처음으로 만났다. 어찌나 기쁘던지. 이제야 절이 절다워 보인다. 역시 절에는 수행 중인 스님들이 계셔야 한다. 아무리 아름답고 고색창연한 절도 단심으로 수행 중인 스님들이 없다면 김 빠진 맥주마냥 싱겁다. 섣달 그믐밤에 108번 울린다는 이 절의 범종을 보고 나니 정원도, 산몬도 결국 시간이 없어 못 들어갔다. 다음에 다시 오면 되니 그리 아쉽지는 않다.

근처의 야사카진자|八坂神社|로 발길을 돌린다. 일본의 3대 마쓰리인 기온 마쓰리가 열리는 신사인 이곳도 한국과 인연이 깊다. 7세기 중반에 이리지라는 고구려의 사신이 폭풍의 신의 신주를 지금의 야사카진자 터로 모셔온 것이 이 신사의 유래다. 그래서 '고구려 대사'라고도 부른단다. 또 이곳에서 설날에 새끼줄을 태우고 불씨를 집으로 가져가 그 불로 우리나라 떡국과 비슷한 오조니를 끓여 먹으면 1년 동안 액운을 막아준다는 설이 있어 설날에 사람들이 불씨를 받으러 오는 것으로도 유명하다. 그렇게 유명한 신사인 덕분에 칼바람이 부는 2월의 평일에도 신사에는 꽤 많은 사람들이 북적인다.

신사를 나와 길을 건너니 바로 기온|祇園| 지역이다. 시내 한복판인데도 옛 건물들이 고스란히 남아 있어 타임머신을 타고 날아온 듯 낯설다. 우리가 흔히 게이샤라고 부르는 게이코 상들을 만날 수 있는 이 거리에서 운 좋게도 게이코가 되기 위해 수련 중인 마이코 상들의 모습을 볼 수 있었다. 종종걸음의 그녀들 뒤를 따라가본다. 목까지 새하얗게 분칠을 한 얼굴에 붉은 입술, 화려하게 틀어 올린 머리를 하고 단색의

기온 거리에서 발견한 마이코상들

기모노를 차려입은 마이코 상 두 명이 한적한 골목의 어느 기품 어린 집으로 쏙 들어간다. 저 닫힌 대문 안의 속풍경이 궁금하지만 돌아설 수밖에.

교토를 가장 일본적이면서 이국적인 풍경으로 만드는 것은 바로 기온 거리의 게이코 상들과 마이코 상들이 아닐까. 한때는 교토 곳곳에 이런 하나마치(게이코 상들이 공연하고 술자리 시중을 드는 곳인 오차야가 몰려 있는 거리)가 여섯 개나 있었다는데 지금 그 명목이 유지되는 곳은 기온 정도다. 게이코상이 기생과 다른 점은 몸을 팔지 않는다는 것. 춤과 노래는 기본이고, 서예와 시조, 다도나 꽃꽂이에도 능한 전방위 예술가인 게이코 상은 이제 교토에 200명 남짓 남았을 뿐이다. 벚꽃 흐드러지게 핀 달밤에 그녀들의 춤사위에 취하고 노랫자락에 귀를 씻는 호사를 누리려면 무려 수백만 원의 뭉칫돈이 필요하다. 지금 교토의 게이코 상들을 먹여 살리는 최대 고객은 누구일까. 교토 유명 절들의 스님들이란다. 예술을 즐기기 위해 오는 거라고 항변하신다면 할 말은 없지만, 도대체 그 돈은 어디서 나오는지, 그것도 수행의 한 방편인지 물어보고 싶다.

붉은 등이 밝혀진 기온 거리를 지나 시조를 거쳐, 산조 데라마치 거리까지 내처 걷는다. 거리에는 어둠이 내리고 있다. 교토의 아름다움에 홀려 해가 지는 줄도 모르고 거리를 헤매 다닌 셈이다.

나그네라고 불리고 싶어라
초겨울 소나기 - 바쇼

旅人と我名よばれん初しぐれ

경주를 닮은 옛 수도
나라 공원과 도다이지

교토 역에서 전철을 갈아타고 오사카의 이시키리 역에 내리니 벌써 여덟시. 작년 가을의 기억을 더듬어 길을 찾아간다. 아파트 앞 어둠 속에서 누군가 내 이름을 부른다. 어머님이다. 내가 길을 잃었을까 봐 역으로 마중을 가려던 참이셨단다. 집으로 들어가니 아버님이 반가움을 감추지 못하는 얼굴로 맞아주신다. 어머님은 또 내가 좋아하는 음식들로 한 상 가득 차려놓으셨다. 맥주 한 잔을 곁들여 늦은 저녁을 먹는다.

아버님은 공업용 솔을 만들어 판매하시면서 여가 시간에 틈틈이 도예에 몰두하신다. 벌써 십수 년째 그릇을 빚고 계신데, 이 집의 그릇들 대부분은 아버님이 직접 만드셨다. 작년부터는 1년에 두 차례 오사카의 세이부 백화점에서 판매도 하신다. 지금도 3월에 백화점에서 판매할 그릇을 열심히 빚고 계신다.

"팔리고, 안 팔리고는 별로 의미가 없어. 자신이 만족할 수 있는 작품을 만들기 위해 치열하게 일하는 과정이 즐겁고 좋은 거지."

"난 팔려서 들어오는 오카네(돈)가 좋은데."

옆에서 어머니의 재치 있는 참견.

"내 정신 좀 봐. 남희가 좋아하는 음식이라 차완무시를 만들었는데, 잊고 있었네."

그러시면서 예쁜 그릇에 담긴 계란찜을 내오신다. 뚜껑 달린 앙증맞은 그릇 안에 새우와 버섯, 당근 등이 들어간 계란찜이 먹음직스럽다.

"역시 어머님이 만들어주시는 차완무시가 제일 맛있어요. 이거 집에서 만들어 먹어야겠어요."

그러자 아버님 말씀.

"내가 차완무시용 그릇을 만들어줄 테니 조금만 기다려. 백화점 일이 끝나고 나면 바로 만들 테니까. 오늘은 아버지가 기분이 너무 좋아. 이렇게 남희가 또 찾아와주니까. 여보, 소주 한 병 더 내올까?"

술을 좋아하시는 아버님의 맞상대가 되어드릴 수 있다면 더 좋을 텐데. 이럴 때면 소주 한 잔인 내 주량이 아쉽다.

오늘 미미즈카에 갔던 이야기를 들려드렸더니 두 분 모두 전혀 모르는 일이라며 놀라신다. 한일 양국의 과거에 대한 이야기를 나누며 두 분께 말씀드린다.

"자꾸 만나서 얼굴을 맞대고 이야기를 해야 오해와 선입견도 풀리는 것 같아요. 제가 여행을 통해 일본의 다른 점들을 보기 시작하고, 일본과 사랑에 빠지게 된 것처럼요."

"한국과 일본 사이에 비슷하면서도 다른 문화가 뭐가 있을까?"

아버님이 물으신다.

"목욕 문화요. 시코쿠 걸을 때, 모르는 남자들과 같은 욕조를 쓰는 게 처음에 너무 꺼림칙했어요."

"나도 그래. 지금도 그렇고." 어머님이 맞장구를 치신다.

저녁상을 물리고 설거지를 하려는데 어머님이 말리신다. 부엌에는 아예 들어오지도 못하게 손사래를 치며 입구를 막으신다.

"손님이 먼저 목욕탕에 들어가는 게 우리 집 규칙이니 목욕이나 먼저 해"라며 목욕탕으로 내 등을 떠미는 어머님. 이 집에서는 두 분 모두 나를 손님으로 극진히 대접해주신다. 마유미 집에서는 한국적 기준에서는 무심할 정도로 편하게 친구처럼 대해주는데, 이곳은 전혀 다르다. 어느 쪽이 좋으냐고 물으면 대답하기가 망설여진다. 둘 다 장단점이 있으니까. 하지만 역시 대접받는 기분이 조금 더 좋은 것 같기도 하다.

목욕을 마치고 방으로 오니 어머님이 따라 들어오신다.

"남희가 추위를 많이 타지? 따뜻하게 자야 할 텐데……."

방에 온풍기와 전기요를 동시에 틀어주신다. 두 분의 진심 어린 환영과 따스한 마음이 고스란히 전해지는 밤이다.

나라의 절과 신사를 찾아

오늘은 바람이 세게 부는 맑은 날씨다. 어머님과 함께 나라로 향한다. 어머님 집에서 나라 역까지는 30분이 채 안 걸린다. 우리는 오늘 나라의 대표적인 유적지들을 걸을 예정이다. 교토보다 더 오래된 옛 수도 나라는 일본 전체 국보의 5분의 1이 몰려 있을 정도로 대단한 문화적 역할을 한 곳이다. 나라만큼 걷기가 어울리는 도시가 있을까. 작년 가을에는 나라의 신사와 절을 찾아가는 산길 '야마노베노미치'를 혼자 걸었는데, 오늘은 어머님과 함께 나라의 도심지를 걷는다. 어머님은 교토보다 나라를 더 좋아하신다.

첫 번째 목적지인 이스이엔을 향해 가는 길에 나라 공원을 지난다.

나라의 대표 명소인 이 공원은 약 6제곱킬로미터라는 어마어마한 크기로, 세계문화유산으로 등재된 사찰을 곳곳에 품고 있어 1년에 1000만이 넘는 사람들을 불러들인다. 나라 공원을 대표하는 것은 바로 1200마리에 이르는 사슴들. 신들이 사슴을 타고 내려왔다고 해서 나라에서는 사슴을 신성한 동물로 여긴다. 천연기념물인 이 사슴들은 사람을 두려워하기는커녕 우습게 안다. '시카 센베'라는 사슴 과자에 길들여져 사람 곁으로 불쑥불쑥 다가오곤 하니.

이스이엔 |依水園| 은 각각 에도 시대와 메이지 시대에 만들어져 분위기가 전혀 다른 앞, 뒤 정원이 서로 연결되어 있다. 정원에서는 도다이지 |東大寺| 의 난다이몬 |南大門| 이 보이고, 풀로 덮인 언덕 와카쿠사야마도 눈에 들어온다. 잘 가꿔진 정원인데 여기도 연못에 물이 없다. 열심히 바닥을 쓸고 있는 아저씨에게 물었다.

"얼마나 자주 연못 청소를 하는 건가요?"

"35년 만에 하는 건데요."

참, 운도 없다. 35년 만에 청소하는 날, 이곳을 찾다니. 입구 근처의 네이라쿠 미술관에는 뜻밖에 고려 청자와 조선 백자가 많이 전시되어 있어서 깜짝 놀랐다.

그 다음은 나라의 상징과도 같은 도다이지. 세계 최대의 목조 건물과 일본에서 가장 큰 청동 불상 다이부쓰로 세계문화유산에 등재된 유서 깊은 절이다. 다이부쓰덴은 이미 두 번이나 찾아본 곳이기에 오늘은 건너뛰고 니가쓰도 |二月堂| 로 향한다. 어머님이 니가쓰도로 가는 길 중에 아름다운 길이 있다며 돌아가자고 하신다.

"정말 예쁜 길이거든. 남희한테 꼭 보여주고 싶어."

니가쓰도 오모테산도라 이름 붙은 이 길은 양편으로 고운 흙담이 이

나라 공원의 사슴들은 '사슴 센베' 과자를 얻어먹기 위해 사람들에게 다가온다.

어지고 돌이 깔린 정겨운 길이다. 담장 너머로 솟구친 처마의 선들도 곱다. 니가쓰도에 올라 나라 시내가 한눈에 들어오는 풍경을 즐긴다.

"이곳에 내가 좋아하는 찻집이 있어. 거기서 차 한 잔 마시고 가자."

앞장서신 어머님을 따라 정원 한쪽의 '류비도'로 들어선다. 대여섯 명이 들어서면 꽉 찰 것 같은 작은 찻집의 분위기가 그만이다. 이곳의 차 가마는 200년 된 골동품. 나는 말차와 와라비모치(고사리 찹쌀떡) 세

가스가타이샤 신사의 청동 등

신사 앞에 나란히 세워진 빗자루들

트, 어머님은 젠자이(단팥죽) 세트를 먹으며 잠시 쉰다. 니가쓰도에서 우연히 만난 체코인 발레리나도 합석한다. 그녀는 대전의 배재대에서 공부하는 교환학생인데, 방학을 맞아 일본 여행을 온 참이다.

찻집을 나와 셋이 함께 산가쓰도ㅣ三月堂ㅣ로 건너간다. 도다이지에서 가장 오래된 건축물로 국보 열두 개와 보물 네 개가 모셔져 있다. 그중 가장 유명한 작품은 12월 16일 하루만 공개한단다. 불상을 직접 보니 탄

세계에서 가장 큰 목조 건물인 도다이지

성이 절로 터진다. 3미터가 넘는 거대한 불상들은 힘이 넘치고 균형미가 빼어나다.

　와카쿠사야마 언덕을 왼쪽에 끼고 오른쪽으로 상점들이 늘어선 거리를 걸어서 가스가타이샤로 향한다. 이 신사 역시 768년에 창건된 유서 깊은 곳으로 세계문화유산에 등재되어 있다. 사슴이 나라의 상징이 된 것은 바로 이 신사의 제신이 사슴을 타고 와 신사를 창건했다고 전해지

니가쓰도 오모테산도의 돌담길

기 때문이다. 늙은 나무들로 울창한 신사에 깊은 숲의 분위기가 감돈다. 참배로를 따라 늘어선 3000개가 넘는 석등도 분위기를 돋운다. 마음이 저절로 평화로워진다. 신사의 초록빛 가득한 오솔길을 벗어나 넓은 공원으로 들어선다. 앞서가던 어머님이 발길을 멈추신다.

"여기 귀를 대고 들어봐."

샘터에 엎드려 귀를 대니 어머님이 물을 떠서 자갈 바닥에 부우신다. 그 순간, 밑에서 캉캉캉캉 하는, 음악 소리처럼 맑고 카랑카랑한 물소리가 올라온다. 스이킨구쓰라 불리는 이 장치는 땅 속에 물 항아리를 묻어놓고 위에서 물을 떨어뜨려 수면에 부딪치는 물소리를 즐기게 되어 있다. 귓전을 울리는 맑은 물소리가 영롱하고도 신기해, 발레리나와 둘이 귀를 대고 한참을 엎드려 있었다.

마지막으로 찾아가는 곳은 어머님이 강력 추천하신 시가 나오야의 주택이다. 나라에서 어머님이 가장 좋아하는 곳이란다. 유명한 작가이자 재벌가의 아들이었던 시가 나오야가 오래 공들여 지은 집이라는데, 제2차 세계대전 전에 지어졌다고는 믿기지 않을 정도로 세련되고 현대적이다. 그러면서도 가옥 구조는 일본 전통 스타일이다. 80년 전에 지어진 집 정원에 아이들을 위한 작은 수영장도 있고, 욕실에 샤워기도 있다. 정말 살고 싶은 욕심이 절로 생기는 집이다. 당시 이 집은 작가와 예술가들이 드나들며 문학을 논하는 살롱 역할을 했었단다.

어느새 해가 뉘엿뉘엿 넘어가는 시간. 결국 고후쿠지나 나라 국립박물관은 못 갔다. 호류지, 아스카 등 오늘 못 간 곳들을 둘러보기 위해 다시 나라로 돌아와야겠다. 소바를 먹으러 두 곳이나 찾아갔지만 모두 문을 닫아 나라마치의 상점가에서 우동으로 저녁을 먹었다. 집으로 돌아와 어머님이 즉석에서 부쳐주시는 오코노미야키로 또 배를 채운다.

물소리를 즐기고 있는 발레리나와 어머님

　두 분은 올해 시코쿠를 마저 걷고 내년엔 산티아고를 걸을 예정이란다. 해서 어머님은 열심히 영어 공부 중이다. 식탁에 마주앉아 따뜻한 음식과 이야기를 나누는 사이 밤이 깊어간다. 창밖은 찬바람 부는 겨울밤이다.

800만 신이 있다는 나라답게 곳곳에 신사가 눈에 띈다.

홍매는 피고, 본 적도 없는 이를
연모하네 주렴 너머로

紅梅や見ぬ戀作る玉簾

― 부손

벗들과 함께한 문화유산 답사
가마쿠라 덴엔 하이킹과 다이부쓰 하이킹

요코하마 역에 내리니 개찰구 앞에 신이치 선생님과 우에노 상이 서 계신다. 선생님 집 근처 도치카의 '카페 차도'로 간다. 5년 후 철거될 건물을 무료로 임대받아 나마케모노 클럽에서 시작한 작은 카페다. 공정무역 제품과 지역에서 생산한 유기농 야채로 간단한 음식을 만들어 팔고 이런저런 문화 이벤트를 여는 공간. 우리는 이곳에서 점심을 먹는다. 내가 시킨 두부스테이크는 양이 좀 작지만 담백하고 고소한 맛이 입에 감긴다.

늦은 점심을 먹은 후 선생님 댁으로 간다. 선생님 댁에서 머무는 건 오늘이 두 번째다. 작년 가을, 처음 선생님 댁에 머물며 가족을 만났다. 아내인 마리 상은 아역 배우 출신의 다도 선생님이다. 고운 외모만큼이나 섬세한 여성이다. 귀염성 많은 막내딸 사야는 춤과 독서가 취미인 여고 3년생. 사야는 할아버지가 한국인이었기 때문에 학교에서 제2외국어로 한국어를 배운다. 이병헌과 최지우의 팬인 사야는 연극배우가 꿈. 큰딸 마이는 와세다 대학 2학년인데 영어, 불어 모두 능란한 재원인

데다 생각이 깊고 어른스럽다.

신이치 선생님 개인의 삶처럼 그 가족의 삶도 일반적인 일본인들과는 많이 다르다. 이 집에서는 특별한 일이 없는 한 주말에만 텔레비전을 켠다. 몇 년 전에는 1년 동안 텔레비전을 일절 켜지 않고 살기도 했단다. 이 동네에서 자가용이 없는 유일한 집이고, 일본의 집집마다 있는 전기 보온병도 에너지 낭비라 여겨 두지 않았다. 그러고 보니 신이치 선생님은 비행기 안에서도 개인 컵을 내미는 분이다.

철저한 환경의식보다 더 부러운 건 단란한 가정의 분위기. 밝고 예의 바른 딸들과 부모 사이에 믿고 사랑하는 모습이 자연스레 드러난다. 굴 나베 요리로 저녁을 먹은 후에 사야의 공연(?)을 즐겼다. 첫 공연은 '브리코'라 불리는, 귀여운 척하는 여자 애들 흉내. 눈을 깜박거리며 콧소리를 내고, "아이, 몰라. 몰라" 하며 남자의 어깨를 주먹으로 콩콩 때리는 짓까지. 자고로 여자의 교태란 국경을 넘는 공용어인가 보다.

"나는 브리코 짓을 하려고 해도 안 돼서 속상한데, 사야는 할 수 있는데도 안 하다니 세상은 불공평해."

나의 이 말에 다들 웃는다. 두 번째 공연은 일기예보를 하는 한국인 아나운서 성대 모사. 어색한 외국인의 한국말 발음으로 "서해상에 중심을 둔 고기압의 영향을 받아 내일은 전국이 대체로 맑겠습니다"로 시작되는 일기예보를 듣고 있자니 이건 정말 최고의 코미디다. 사야의 훌륭한 연기가 끝난 후 나에게도 한번 읽어보라길래 일기예보 원고를 읽었다. 가족들의 탄성과 박수가 쏟아진다.

"역시 원어민이 읽으니 이렇게 다르네."

일기예보 따위를 읽고 이렇게 박수를 받다니…….

옛 친구들과의 반가운 해후

춥다, 추워. 이 집도 교토의 마유미 집 못지않게 춥다. 밤새 히터를 틀어놓았는데도 온몸을 웅크리고 자야 했다. 정말이지 잠자리만큼은 서울의 내 집이 그립다. 나도 나름 환경주의자로 살겠다며 실내 온도를 늘 19도에서 20도로 맞춰놓고 옷을 두세 벌씩 껴입으며 지냈는데 이 사람들에게는 적수가 되지 않는다. 이렇게 추운 집에서 몸의 감각기관이 제대로 작동하는지조차 의심스럽다. 마유미 집에 머물 때 실내 온도가 19도만 되어도 덥다며 히터를 끄곤 해서 경악했는데, 이 집도 거의 그 수준이다. 식구들이 거실에 앉아 햇살이 환히 들어와 따뜻하다고 말하는데, 나는 등산 양말을 신고도 발이 시려워 죽을 지경이니. 서울에 돌아가면 실내 온도를 더 낮춰야 할까. 이런 생활 습관 탓에 한겨울에도 어린 여학생들이 교복 치마 아래 맨다리로 다니나 보다.

아침을 먹고 나니 마이만 빼고 가족 모두 외출이다. 사야와 마리 상은 미국 여행 설명회(사야가 학교 영어웅변대회에서 상을 타서 부상으로 간단다)에 가고, 신이치 선생님은 오늘 대학원 입학시험 감독을 하셔야 한다. 나는 집에 남아 '햇살이 따스한 마루'에서 발을 동동 구르며 원고를 쓴다.

점심 무렵 학교에 가는 마이와 함께 집을 나선다. 오늘은 도쿄로 나들이 가는 날. 신주쿠 역에서 후미코를 만났다. 후미코는 작년 여름 홋카이도의 비에이에서 만난 친구다. 그동안 메일로 연락을 주고받다가 이번에 다시 만나게 되었다. 신주쿠 공원을 둘러보고 근처 카페에서 차를 마셨다.

후미코와 함께 고쿠분지의 '카페 슬로'로 가니 기다리고 있던 석진이와 우노 상이 맞아준다. 카페 슬로는 나마케모노 클럽에서 만든 친환경 카페. 건물 자체가 고이치 선생님이 설계한 스트로베일 하우스다. 이 주변에서 유기농으로 재배된 채소로 만든 채식 위주의 음식을 팔고, 세계 곳곳의 공정무역 물품도 판매한다. 작은 갤러리에서는 공연과 전시회가 종종 열리고, 유기농 재료로 구운 빵도 판다. 매주 금요일은 전기를 끄고 촛불을 켜는 카페.

오늘 이곳에서는 나마케모노 클럽 회원의 출판기념회가 열리고 있다. 스물여덟 살 젊은 시인이 시를 쓰고 그림도 직접 그려 동네 제본소에서 제본한 간단한 소책자다. 신이치 선생님의 형인 고이치 선생님, 카페 슬로의 대표인 요시오카 상과도 다시 만나 반갑게 인사를 나눈다. 가수 마쓰야 상의 노래 공연과 고이치 상과 시인의 대화가 이어진다. 행사는 아홉시쯤 끝나고 남은 사람들끼리 와인을 마시며 이야기를 나눴다. 요코하마의 신이치 선생님 집으로 돌아오니 벌써 자정이다.

가마쿠라 덴엔 하이킹

새벽 여섯시에 신이치 선생님이 라다크로 출국하시는 걸 배웅했다. 가족 모두(마이는 자느라 못 일어났다) 나와서 택시가 떠난 후에도 손 흔드는 모습이 보기 좋다. 방으로 들어와 다시 자다가 해가 환히 뜬 후에야 일어났다. 아침을 먹고 마리 상과 가마쿠라 하이킹에 나선다. 가마쿠라는 3면이 구릉성 산지로 둘러싸인 나메리가와 강 양안에 자리 잡고 있다. 기후가 온화하고 풍광이 아름다워 예부터 도쿄 사람들의 별장이 많았다. 가마쿠라는 800년의 역사를 지닌 고도로 1185년부터 1333년까지 150년간 일본의 수도였던 곳이다. 덕분에 수많은 불교 사원과 신사가 들어섰다.

가마쿠라 방문은 이번이 두 번째다. 작년 가을에도 마리 상과 함께

가마쿠라의 이곳저곳을 돌아봤다. 그때 우리가 제일 먼저 찾아간 곳은 호고쿠지|報国寺|. 그곳의 대나무 정원 때문이었다. 작지만 울창한 대나무 숲 앞의 찻집에서 물소리를 들으며 말차를 마셨다. 대숲 사이로 비쳐드는 가을 햇살을 즐기며 마시던 말차의 맛은 지금도 기억이 선명하다. 절을 나와 두 번째로 찾아갔던 곳은 가마쿠라의 대표적인 신사 쓰루가오카하치만구였다. 마침 그날이 세 살, 일곱 살 여자아이, 다섯 살 남자아이의 기념일이라 기모노를 차려입은 아이들이 신사 안에 가득해 꽃이 활짝 피어난 것 같았다.

2월 말의 가마쿠라는 따뜻하고 청명하다. 우리가 오늘 걸을 길은 '가마쿠라 알프스'라 불리는 세 시간짜리 '덴엔|田園| 하이킹 코스'. 가장 높은 곳이라야 200미터도 되지 않아 어린아이도 걸을 수 있는 산길이다. 온 산에 매화가 가득 피어 가까이 온 봄을 알린다. 바다가 보이는 전망 좋은 휴게소에서 준비해 온 주먹밥과 오뎅으로 점심을 먹었다.

내려오는 길목은 겐초지를 지난다. 선종의 5대 사찰 중 하나인 이 절은 열 곳의 말사를 거느린, 스님들의 수행처다. 본당에는 파키스탄에서 왔다는 간다라 불상과 거대한 용 그림도 보인다. 마음 심|心| 자 모양으로 만들어진 정원도 빼어나지만 700년 전에 이 절을 창건한 스님이 중국으로부터 씨를 들여와 심었다는 향나무 정원이 내게는 더 매력적이다.

짧은 하이킹을 마치고 마리 상과 작별한다. 또 다른 지인을 만나러 도쓰카 역에서 한 정거장인 오후나로 이동.

욘사마 팬에서 한국 팬이 된 요코 언니 부부

오후나 역에 도착하니 요코 언니가 마중 나와 있다. 역에서 도보로 10분 남짓 걸리는 언니 집은 지금껏 가본 일본 집 중 가장 크고 화려하다. 1992년에 언니의 시부모님이 소유한 밭에 지은 이 집은 20년 가까이 되었다고는 믿기지 않을 만큼 깨끗하다. 해마다 5월이면 언니와 형부가 함께 왁스 칠을 한다는 마룻바닥은 반들반들 윤이 나고, 10년 전에 한 번 갈았다는 벽지도 마치 새것 같다. 집 안 곳곳의 장식품 위에도 먼지 하나 없다. 자식은 아들 하나인데 이미 출가한 상태라 이 큰 집에 두 사람만 살고 있다. 아들이 쓰던 방에 오늘부터 사흘간 내가 머물기로 했다.

내가 요코 언니와 형부를 만난 곳은 '피스 앤드 그린 보트'에서였다. 벌써 네 번째 승선한 언니 부부는 한국에 대한 관심과 사랑이 지극한 사람들이었다. 요코 언니의 한국 사랑도 시작은 욘사마였다. 〈겨울 연가〉를 보며 욘사마에 빠진 언니는 곧 한글을 공부하기 시작했고, 한국의 역사와 문화까지 점점 관심 분야를 넓혀갔다.

한국에 대한 언니의 사랑이 절정에 다다른 건 선생님으로 근무 중이던 초등학교를 정년퇴임하기 직전. 언니는 한국에 대한 사랑을 더 이상 유보할 수 없어서 1년을 앞당겨 은퇴한 후 한국으로 날아갔다. 그리고 신촌의 어학당에서 8개월 남짓 한국말을 배우며 살았다. 언니가 한국행을 결정했을 때, 착한 형부는 잘 다녀오라고 격려하며 기꺼이 독수공방을 감내했다. 화를 낸 건 언니의 친정어머니. 집으로 찾아오셔서 형부 앞에 무릎을 꿇고는 제멋대로인 데다 이기적인 딸을 두어 죄송하다며 머리 숙여 사죄하셨단다.

원래 여행을 좋아해 이곳저곳을 다닌 언니였지만 한국과 사랑에 빠진 이후로는 오로지 한국만 찾을 뿐이다. 한국 역사에도 관심이 많아 "남희는 김옥균을 어떻게 생각해?" 내지는 "한국에서는 대원군의 쇄국정책을 어떻게 평가하지?" 같은 질문으로 나를 곤욕스럽게 만들곤 한다.

우리는 오뎅 나베로 저녁을 먹으며 수다의 꽃을 피운다. 언니가 유창한 한국어로 내게 묻는다.

"일본 문화에서 가장 당혹스러웠던 게 뭐야?"

"목욕탕에 온 가족이 번갈아 들어가는 것. 언니는 한국 문화에서 뭐가 가장 당혹스러웠어요?"

"찌개에 수저 같이 넣는 문화!"

"대부분의 일본인들이 그걸 제일 껄끄러워하는 것 같아요. 일본에서는 가족끼리도 철저히 개인 접시를 쓰니까."

"포장마차에서 오뎅 먹을 때 간장 그릇에 오뎅 꼬치째 넣고 찍어 먹는 점도 너무 싫었어."

"그건 나도 싫어요."

"근데 이제는 익숙해져서 아무렇지 않아. 내 친구 중에, 말로는 한국을 너무 좋아한다면서 한국 문화를 종종 비판하는 친구가 있어서 정말 좋아하는 건지 의심스러울 때가 있어."

"뭘 비판하는데요?"

"지하철이나 버스 같은 공공장소에서 사람들이 시끄럽고 교통질서를 잘 안 지키는 거. 특히 버스 운전사들이 운전을 엄청 위험하게 하잖아. 그래서 나는 늘 손잡이를 꼭 잡아. 보도 위로 오토바이가 질주하는 것도 비판하지."

"음. 그건 한국인인 나도 늘 비판하는 점인데요 뭘."

사실 그 모든 일들이 일본에서는 있을 수 없기 때문에 언니 친구의 비판이 당연하게 느껴진다. 일본의 버스 운전사는 손님이 완전히 타거나 내린 후에 출발한다는 규칙을 무섭도록 철저히 지킨다. 어쩔 때는 바라보는 내 속이 터질 정도로 안전에 우선을 둔다. 급정차나 급발차는

커녕 손님과 이야기를 나누며 운전하는 일도 없고, 라디오나 음악을 틀어놓는 일도 없다. 공공장소에서 핸드폰으로 통화하거나 큰 소리로 떠드는 이들이 없음은 물론이다. 이들의 교통질서 의식과 공공장소에서 타인을 배려하는 행동만큼은 정말 본받아야 할 점이다.

하세로 여행하세

아침을 먹고 언니, 형부와 집을 나선다. 가마쿠라 역에서 에노덴|江/電|을 타고 하세로 가기 위해. 그런데 기차역에서 누군가 내 이름을 부르며 다가온다. 놀랍게도 지승이 형과 영심 언니 부부. 도쿄에 머물다가 오늘 가마쿠라에 왔단다. 한국 드라마를 빠짐없이 챙겨 보는 요코 언니는 드라마 〈연애시대〉를 만든 분이라고 내가 소개하자 "감독님"이라 부르며 너무나 반가워한다.

함께 하세로 가서 고토쿠인|高德院|의 다이부쓰|大佛|를 보고 근처 찻집에서 차를 마시는 도중, 형부가 어젯밤 나를 웃기려다 실패한 어이없는 유머를 또 시도한다. 끼고 있는 안경을 만지작거리며 "안경하십니까?"라고 인사하는 것. 놀랍게도 영심 언니와 지승이 형은 한바탕 웃음을 터트려 형부를 기쁘게 만든다. 지승이 형이 생각났다는 듯 묻는다.

"오다 보니까 거리에 행복실현당이라는 정당의 포스터가 엄청 붙어 있더라. 너 들어봤니?"

"응, 일본에서 최근에 생긴 정당이에요. '행복의 과학'이라는 종교단체 교주가 만든. 북한을 상대로 전쟁이라도 불사해서 핵 미사일을 저지하고, 평화헌법 9조를 개정하겠다는 등 위험한 정책을 약속하는 우익 정당이래요."

나는 신이치 선생님이 해주신 이야기를 그대로 전한다.

명상에 드신 걸까, 주무시는 걸까.

"지난 총선 때는 전국의 거의 모든 지역구에 후보를 낼 정도로 세가 커지고 있대요."

"교주가 내는 책은 전부 다 몇 십만 부씩 팔리는 베스트셀러예요. 자기들이 다 사재기하거든요. 일본에서는 요즘 그런 식으로 확실히 의견을 밝히는 우익들이 인기를 얻고 있어요." 요코 언니의 말이다.

최근에는 이 교주가 자신이 북한 문제에 관해서 신과 대화까지 했다고 떠들고 다닌단다. 작년 중의원 선거에 337명의 후보자를 출마시켰지만 전원 낙선해 선거 공탁금 11억 8200만 엔 전액을 국고로 귀속시키는 착한 일(?)도 했다. 고개를 끄덕이며 듣던 지승이 형이 웃으며 말한다.

"야, 그래도 이름 하나만큼은 기막히지 않니? 행복실현당이라니, 자유민주당 같은 이름보다 훨씬 구체적으로 와 닿잖아."

"하긴 그렇네요. 자유니 민주니 이런 단어는 엄청 추상적이니까."

바닷가로 가는 두 사람과 작별하고 우리는 하세데라|長谷寺|로 간다. 정원에 활짝 핀 매화가 가까이 온 봄을 알려준다. 본당으로 올라가는 계단 옆으로는 작은 지장보살이 끝없이 열을 지어 서 있다. 8세기에 만들어졌다는 본당의 십일면관음보살께 참배한 후 산책로를 둘러본다. 2000그루의 자양화가 일제히 피어나는 초여름이 오면 이 산책로는 자양화 나무만큼이나 많은 관광객으로 붐빈다고 한다. 절 안의 바다가 보이는 전망 좋은 식당에서 카레라이스로 점심을 먹었다.

다시 에노덴을 타고 가마쿠라 역으로 돌아와 고마치도리를 둘러본다. 예쁘고 앙증맞은 기념품을 파는 가게들이 나를 유혹한다. 그런 내 마음을 읽었는지 언니가 이케바라(꽃꽂이)용 대나무 장식통을 나에게 선물한다. 돌아오는 길에 가마쿠라의 대표적인 과자라는 비둘기 모양의 하토사브레도 사 먹었다.

오늘 저녁 요리는 청어(니진)구이. 잘게 썬 다시마 반찬을 먹다가 히지키(톳)냐고 내가 물었다. 형부가 "곤부(다시마)"라고 답하더니 한국말로 "공부하세요"라고 해 피식 웃고 말았다.

가만히 보니 마유미네 집처럼 이 집에서도 형부가 가사일의 많은 부분을 담당한다. 언니는 요리만 하고, 형부가 상을 치우고, 그릇을 닦고, 과일을 깎아 내오고, 차를 끓인다. 세탁기를 돌린 후 빨래를 마당에 널고, 걷어 오는 일도 형부 몫. 쓰레기를 내놓는 일도 물론 형부가 한다. 그 모든 일들을 언니가 부탁할 필요도 없이 자연스레 행한다는 점이 놀랍다. 심지어 오랫동안 적어온 식단 노트를 바탕으로 그날 해 먹을 요리를 정하는 것도 형부의 일이라 언니는 식단 고민도 할 필요가 없다. 언니는 전생에 무슨 선업을 쌓았길래 이런 남편을 만났을까.

매화꽃 활짝 핀 절 마당에서 봄소식 담은 엽서 한 장

오늘은 언니가 한국어 교실에 가는 날이고 형부는 일이 있어 나 혼자 가마쿠라를 둘러보기로 한다. 오늘의 주제는 가마쿠라 사찰 순례라고 나 할까. 오후 나 역에서 기차로 한 정거장인 기타가마쿠라 역에 내린다. 역 왼편에 있는 엔가쿠지부터 둘러본다. 임제종 사찰인 이곳의 넓은 경내에 매화가 활짝 피었다. 1282년에 세워진 이 절은 쿠빌라이 칸에게 목숨을 잃은 군인들을 위해 기도하는 곳으로 만들어졌다고 한다.

그 다음은 도케이지. 이곳은 산문에서 양쪽으로 쭉 늘어선 매화가 가장 큰 볼거리다. 날은 따뜻하지, 꽃은 피었지, 기분이 좋아 보물관 앞에 앉아 지인들에게 엽서 몇 장을 쓴다. 절에서 구입한 매화꽃 그림엽서에.

도케이지는 여성들을 위한 도피처의 역할을 해왔다. 남편의 폭력이나 억압을 피해 이곳으로 도망친 여성이 이 절에서 비구니로 3년을 보

초봄의 햇살에 나른해져, 고요한 경내에서 오수에라도 들고 싶어진다.

내면 이혼이 성립된 것으로 간주했다 한다. 지금은 비구니 스님들이 전혀 없다. 절 안의 공동 묘지 근처를 덮고 있는 사이프러스 나무 아래 잠시 앉았다 일어선다.

세 번째로 찾아간 곳은 엔노지. 여긴 솔직히 입장료가 아까웠다. 지옥의 심판관들로 불리는 조각들밖에 없으니. 화장실도, 정원도, 영문 팸플릿도 없는 정말 작은 절이다.

길가의 식당에서 도리아로 점심을 먹고, 조치지로 넘어간다. 크지 않은 절이지만 이끼로 뒤덮인 입구와 잘 가꾸어진 정원이 마음에 든다. 절을 나와서 산몬 왼쪽의 포장도로를 따라 걷기 시작했다. 곧이어 포장도로가 끝나고 산길이 나왔다. 동백꽃잎이 뚝뚝 떨어져 내린 길을 봄햇살을 받으며 걷는 기분이 나른하다. 부드러운 흙길에는 깊은 정적이 감돈다.

작은 신사를 지나니 겐지야마 공원. 이곳에는 돈을 벌게 해주는 물로 유명한 신사 제니아라이벤텐 錢洗弁天 (그 이름부터 돈을 씻는 신사)가 있다. 동굴 비슷한 사원 안의 샘터에서 정말 나를 제외한 모든 사람들이 소쿠리에 돈을 담아 물에 씻어내고 있다. 제법 심각한 얼굴로! 어쩌면 모두들 예외 없이 같은 행동을 할 수 있는지. 돈을 벌게 해준다는 환상을 심어주는 댓가로 엄청난 돈을 벌어들이는 건 신사다.

신사를 나와 왼쪽 길로 올라와 계단을 오르니 곧 '다이부쓰 하이킹 코스'로 접어든다. 표지판을 따라 걸어가는 길은 한적한 주택가를 지나 다시 산길로 이어진다. 산 한가운데 '가든'이라는 표지판이 보여 무작정 들어가보았다. 주변이 온통 나무뿐인 멋진 야외 카페다. 녹차 한 잔을 시켜놓고 엽서를 쓴다. 봄이 와 저 나무들의 잎들이 무성해지면 이 공간의 아름다움도 자라나겠구나.

씻고 또 씻다 보면 정말 부자가 될까.

다시 걷는다. 산을 내려와 도로를 따라 가니 곧 다이부쓰. 여기서 전차를 타면 되는데, 내 다리는 도무지 지칠 기미가 없다. 여기저기 가게도 구경하면서 가마쿠라 역까지 걷는다. 형부가 그려준 약도를 따라 귀가하니 벌써 저녁 식사 시간이다.

오늘 저녁은 싱싱한 사시미. 내 앞에 이것저것 반찬을 놔주던 언니가 묻는다. "혹시 시바 료타로라고 알아?"

물론 알고 있다. 사극으로 만들어져 대인기를 얻고 있는 『료마는 간다』를 쓴 역사소설가. 시바 료타로(司馬遼太郎, 1923~1996)는 예전에 어느 책에서 "고대 일본에게 있어서 백제는 문명의 씨앗을 뿌려주는 파종 기계였다"라고 써서 화제를 불러일으키기도 했다.

"시바 료타로가 젊은 시절에 쓴 소설 중에 〈언덕 위의 구름〉이라는 소설이 있어. 러일전쟁에 관한 대하소설인데, 군국주의와 한국의 식민지 병합을 정당화한 소설이야. 나중에 시바 료타료가 후회하면서 어떤 드라마나 영화로도 만들지 못하게 했지. 그런데 NHK에서 작년부터 그걸 드라마로 만들어 방영하고 있어. 가족들이 동의했거든."

한국에 돌아와 자세히 찾아보니 시바 료타로가 그 작품의 드라마화를 거절한 건 그 나름의 역사관 때문인 것으로 평가받고 있었다. 러일전쟁의 승리는 당연한 영광이었지만, 결국 일본을 제국주의의 길로 내몰아 40년 후 원폭투하와 패전을 불러왔다는 믿음. 그 소설이 일본에서 2000만 부가 팔리는 대히트를 기록했던 건 전쟁에서의 희생이 의미가 있었다는 식으로 일본인들에게 위안을 줬기 때문이라고 한다. 언니는 한일합방 100주년을 맞는 올해 같은 때 그런 드라마를 만드는 NHK의 의도가 이해되지 않는다고 말한다. 나는 NHK는 둘째치고 돌아가신 분의 유지를 받들지 않는 가족들이 더 이해가 안 간다.

"언니, 민주당이 자이니치에게 지방선거 참정권을 부여할까요?"

"일본 국민들의 반대가 크기 때문에 어려울 거야."

"참정권을 원하면 국적을 바꾸라는 게 일본 사람들 주장이니까. 그 사람들은 왜 자이니치들이 일본 땅에 존재하게 되었는지, 그 원인은 전혀 돌아보지 않지." 형부의 말이다.

"그런데 자이니치 중에는 민족의식이 부족한 사람도 많아요. 내가 한국말을 공부하러 다니는 학원 말이야, 원래는 자이니치들을 위해 세운 곳인데 자이니치는 거의 없어."

언니의 지적에 내가 다시 물었다.

"민족의식이 부족하다기보다 먹고살기 힘들어 그런 여유가 없는 게 아닐까요?"

"아니, 내가 보기엔 일본어만으로 살 수 있으니까 한국말은 필요 없다고 생각하는 사람이 많은 것 같아. 돈 많은 자이니치 중에도 한국말을 못하는 사람들이 많으니까."

어찌 되었든 나는 좋아하는 배우의 나라 말을 배우러 다닐 만큼 물질적으로도, 정신적으로도 여유 있는 일본 아줌마들이 부럽다.

봄이 오는 길목으로 마중 나가다

어제 요코 언니와 이야기를 하느라 새벽 두시가 넘어서야 잠자리에 들었다. 아침을 먹고 기차역으로 간다. 언니와 형부가 차로 역까지 배웅해주셨다. 신주쿠에서 기차를 세 번 갈아타고 가와구치코에 도착했다. 역에서 버스비 200엔을 아끼겠다고 짐 끌고 30분을 걷느라 고생이다. 궁상스럽다 싶어도 이 버릇을 못 고치겠다.

작년 가을에 이 근처의 산을 등반하러 왔다가 후지산이 정면에서 바라보이는 호수의 풍경에 반해 이렇게 돌아왔다. 사실 가와구치코 주변은 환경이 좋다고 할 수는 없다. 후지산이 정면으로 보이는 자리엔 대형 료칸과 호텔이 들어선 데다 호수 위로는 볼품없는 오리배들이 떠 있어 빼어난 자연경관을 망쳐놓았다. 다만 물 위에 떠 있는 듯한 후지산의 신비로운 모습을 이토록 가까이서 볼 수 있다는 점이 훌륭할 뿐.

비즈니스 호텔에 방을 얻었다. 비수기라 싱글 가격에 후지산이 보이는 더블 룸을 얻었지만 후지산은 희미한 실루엣으로 서 있을 뿐이다. 애써 찾아온 보람도 없이. 꼭 가고 싶었던 호수 야마나카코로 가는 버스도 이미 끊겼다. 주변의 식당들까지 다 문을 닫아 주린 배를 끌어안고 온천욕부터 했다. 금강산도 식후경이라더니 배가 고프니 그토록 좋아하던 온천욕도 시들하다. 숙소의 1500엔짜리 뷔페로 저녁을 먹고 방으로 돌아오니 가케이 군으로부터 전화가 왔다. 오늘밤에 잉글랜드에서 돌아온 그가 내일 아침에 호텔로 오겠단다.

다음 날 눈을 뜨자마자 창밖의 후지산부터 바라본다. 자욱한 안개가 몰려와 호수와 산을 온통 뒤덮고 있다. 오늘도 후지산은 얼굴을 감추려나. 아침을 먹다가 창밖을 바라보니 안개가 물러가고 있다. 서둘러 밖으로 달려 나간다. 서서히 밀려가는 안개 사이로 모습을 드러내는 후지산의 아침 얼굴이 맑다. 낚싯배를 띄워놓고 고기를 낚고 있는 부지런한 어부도 보인다. 호수 주변을 걸으며 후지산과 행복하게 만난다. 안개가 물러간 후 아침 햇살에 완전히 모습을 드러낸 후지산은 그 신비로움이 반은 사라졌다. 기분 좋은 발걸음으로 숙소로 돌아와 온천욕을 즐긴다. 짐을 싸고 체크아웃을 하려니 때맞춰 가케이 군이 도착했다.

가케이 군은 같은 밴드의 기타리스트인 시바 군과 함께다. 가케이 군과 나의 인연은 부탄에서 시작되었다. 작년 겨울 신이치 선생님과 함께 부탄을 방문했을 때 가케이 군은 나마케모노 클럽의 '행복지수 투어'에 합류해 부탄을 찾은 터였다. 그리고 작년 봄, 가케이 군이 '친구의 친구의 누나 결혼식'에 참석하기 위해 친구 아베 군이랑 대구에 왔다. 그때 KTX를 타고 당일치기로 서울에 올라와 나와 함께 점심과 저녁을 먹고 경복궁이며 가회동을 돌아다녔다.

이번에는 내가 가와구치코에 온 김에 이 근처 야마나시에 사는 그에게 신세를 지는 셈이다. 가케이 군의 직업은 정신장애가 있는 이들을 상담하는 심리치료사. 그래서인지 한눈에도 따뜻한 심장과 좋은 귀를 가진 사람임이 드러난다. 가케이 군의 차를 타고 후지산의 주쿠로 간다. 여기는 자살하러 오는 사람들의 명소란다. 너무나 깊은 숲이어서 나침반도 소용없기에 길을 잃고 헤매다 죽기도 한단다. 우리는 이 숲의 얼음 깔린 길을 얼마간 걷다가 되돌아 나온다.

후지산이 새벽 안개 사이로 몸을 드러내고 있다.

가케이 군이 어디에 가보고 싶냐고 묻는다. 문득 어제 요코 언니가 추천한 장소가 생각났다. 혼슈에서 가장 일찍 피는 벚꽃이라는 시즈오카 현의 가와즈사쿠라. 이미 만개했다고 뉴스의 일기예보 시간에 소개된 그곳을 언니가 추천한 터였다. 가케이 군이 내비게이션에 "가모군 가와즈초"라고 지명을 찍어보더니 헉, 숨을 들이킨다. 여기서 세 시간 오십 분이 걸린다고 나왔으니 놀랄 만도 하다.

"그럼 포기해요. 시간도 별로 없는데."

내 말에, 잠시 망설이던 가케이 군, "모처럼 왔는데 보러 가지요"라며 시동을 건다. 이미 정오가 다 된 시간이라 도착할 무렵이면 해가 질 것 같지만 우리는 그냥 달리기로 한다. 가케이 군과 시바 군은 30대와 20대. 친구를 위해 무모한 도전도 할 수 있는 아직 젊은 나이. 도중에 미시마(시바 군의 고향인데 미시마 유키오가 이곳의 아름다움에 반해 필명을 그렇게 지었단다)에 들러 유명한 장어덮밥 집에서 장어덮밥을 먹었다. 부드럽고 촉촉한 장어덮밥은 전혀 느끼하지 않아 30분이나 기다린 보람이 있다.

해가 뉘엿뉘엿 넘어갈 무렵에야 겨우 가와즈초에 들어섰다. 아오노 강변의 둑길을 따라 2킬로미터 남짓 늘어선 800그루의 벚나무들이 일제히 만개해 있다. 벚나무 아래에는 역시 활짝 핀 유채꽃. 이 벚나무들은 일본 본토에서 가장 빠른 1월 말에 피어나기 시작한다. 게다가 꽃이 피어 있는 기간이 한 달에 이를 만큼 긴 것으로도 유명하다. 노벨 문학상을 수상한 작가 가와바타 야스나리의 『이즈의 춤추는 소녀│伊豆の踊り子│』의 무대가 된 이곳 가와즈에는 온천을 비롯해 볼거리가 많지만, 우리는 그저 꽃 핀 벚나무들에 몸과 마음을 다 바치기로 한다.

고요한 강 위로 저녁이 찾아오고 벚나무로는 등불이 켜졌다. 인적 없

봄을 찾아 달려간 강변에 흐드러지게 만개한 벚꽃과 유채꽃

는 강변길에서 때마침 찾아온 달과 함께 평화로운 '하나미'를 즐긴다. 살랑 불어오는 바람에 내 마음도 들썩여 복숭아주 한 캔을 다 마시고 만다. 처음 즐겨보는 하나미, 오래도록 내 몸에 배어 있을 이른 봄밤의 정취다.

다음 날 가케이 군은 일을 하러 나간다. 내가 머무는 곳은 가케이 군의 원룸 아파트. 가케이 군은 집과 사무실로 쓰기 위해 같은 건물에 방을 두 개 얻었는데, 사무실로 쓰는 원룸에 내가 머물고 있다. 나는 근처 카레 전문점에서 점심을 먹고 카페에서 책을 읽으며 시간을 보낸다.

해가 지고 가케이 군이 돌아와 저녁을 먹으러 나간다. 비가 내리기 시작한다. 시바 군도 합류해 사누키 우동으로 저녁을 먹고, 장을 봤다. 서점에 들러 여행 관련 책 몇 권을 사고 돌아오니 밤이 깊다. 비는 여전히 거세게 내린다. 아마추어 밴드에서 보컬로 활동하는 가케이 군에게 노래를 청하자, 기타를 집어 들더니 나가잔다.

"이 시간에 어디로?"

"여기서 노래하면 이웃에 방해되니까 계단으로 나가요."

새벽 한시의 계단 콘서트는 그렇게 시작됐다. 내가 좋아하는 오자키 유타카의 노래 〈아이 러브 유〉가 계단으로 울려 퍼진다. 가케이 군은 투박한 외양과는 잘 어울리지 않는 곱고 맑은 목소리를 지녔다. 계단 벽에 기대어 서서 저멀리로 퍼져나가는 노래를 듣는다. 사케 몇 잔에 붉어진 우리의 얼굴 위로 계단의 백열등 그림자가 드리운다. 노래는 〈오 마이 리틀 걸〉을 지나 〈내가 나로 살기 위하여〉로 넘어간다.

"마음 엇갈리는 슬픈 인생에 한숨을 내쉬고 있었지. 그래도 내 눈에 비치는 이 거리에서 나는 계속 살아가지 않으면 안 돼. …… 내가 나로 남기 위해서는 이겨나가야만 해. 무엇이 올바른 것인지 가슴으로 이해할 수 있을 때까지. 나는 거리에 휩쓸려 조금씩 마음을 허락하면서 이 차가운 거리의 바람에 노래를 계속하고 있네."

밖에는 여전히 비가 내리고 바람이 불고 있다. 2월 말이지만 더 이상 추위는 느껴지지 않는다. 이미 봄이 가까워진 덕분인지, 달아오른 술기운 때문인지는 알 수 없지만, 어쨌든 우리는 지금 이 순간을 온전히 누리고 있다. 차고 딱딱한 계단에 모여앉아 기타 한 대에 마음의 줄을 엮어 걸고.

새벽 한시의 계단 콘서트를 열어준 가케이 군

꽃그늘 아래선 생판 남인 사람, 아무도 없었네 – 잇사

花の陰あかの他人はなかりけり

짧지만 강렬하게 벚꽃처럼 피고 싶어라
교토 오하라와 기누카케노미치

다시 교토로 왔다. 간사이 공항에서 교토로 가는 하루카 특급열차의 창밖으로는 온통 벚꽃이다. 한 뼘의 땅이라도 생기면 약속이나 한 듯 벚나무를 심었던 걸까. 크고 넉넉한 가지를 늘어뜨린 벚나무들이 팝콘 튀기듯 분홍빛 꽃들을 피워냈다. 눈을 뗄 수가 없다. 역시, 오기를 잘했다. 무채색 양복을 입은 중년의 남자들 사이로 발레복 입은 소녀들이 지나가듯 어두운 도시에 빛을 드리우는 꽃들. 비즈니스 호텔의 비좁은 싱글 룸에 짐을 풀고 바로 마유미에게 전화를 건다.

"교토의 날씨는 어때요? 벚꽃은 만개했나요?"

"응, 지금 교토는 벚꽃이 절정이야."

"만나서 같이 걷고 싶어요."

"나도 그래. 가장 싼 항공권만 끊어서 날아오지 그래? 우리 집에 머물면 되니까."

"지금 교토에 와 있어요."

벚꽃 핀 '철학의 길'을
걷고 있는 소녀들

꽃길 아래 자전거를 세워두고 봄날을 즐기는 연인들

"거짓말. 농담하는 거지?"

마유미는 좀처럼 믿으려 하지 않는다. 그럴 만도 하다. 나도 내가 교토에 있다는 게 믿기지 않으니. 그저께 밤, 마유미의 편지를 받았다. 교토의 봄소식을 전하며, 내 방이 그대로 있으니 언제든 날아오라는 내용이었다. 일본 여행기를 쓰다 말고 참을 수 없이 교토가 그리워졌다. 원고 마감이 한 달 남짓 남은 터라 여행은커녕 외출도 부담스러운 날들이었다. 그 순간, 책에 실을 사진 중에 봄 사진이 부족하다는 그럴듯한 핑계가 떠올랐다. 나는 스스로를 합리화시키며 서둘러 항공권을 끊었다.

'이건 일 때문에 가는 거야.'

돈도, 시간도 없지만 일단 카드로 항공권과 호텔을 예약했다. 그리고 다음 날 바로 일본으로 날아온 거다. 마유미의 집에 머물고 싶었지만, 이번에는 밤에도 일을 해야만 하는 절박한 상황이어서 시간을 아끼기 위해 비즈니스 호텔을 예약했다. 마유미와는 내일 만나서 아라시야마에 가기로 했다.

호텔 근처에서 버스를 타고 '철학의 길'로 간다. 지난 가을 이 길을 걸을 때, 강변을 따라 늘어선 벚나무들은 붉게 물이 들어 있었다. 그 나뭇가지에 지금은 벚꽃이 만개했다. 마치 이 세상이 아닌 것 같다. 혼자서 이토록 아름다운 풍경을 즐기기가 아까울 정도다. 이 길 이름은 아무래도 잘못 지은 것 같다. 철학은 좀 불행해야 하는 것 아닌가. 벚꽃 흩날리는 이 아름다운 길에서 인생이니 삶이니 죽음이니 따위가 무슨 고민이 된단 말인가. 여기가 꽃자리인데…….

기모노를 입고 하나미를

구름 한 점 없이 새파란 하늘이다. 가라스마 역에서 지하철을 타고 마유미 집으로 간다. 가쓰라 역에 내리니 테리가 나와 있다. 팔을 벌려

벚꽃 문양이 화려한 기모노를 차려입고 마유미와 벚나무 아래서

아라시야마 라쿠시샤의 초가지붕

나를 안아주며, "웰컴 백 홈." 집으로 가니 마유미가 기모노와 필요한 것들을 이미 다 준비해놓았다. 지난번 마유미 집에서 기모노를 처음 입어보던 밤, "언젠가 기모노를 입고 함께 교토를 걷고 싶어요"라고 했던 내 말에 대한 마유미의 답례다. 일본 신발 조리와 핸드백까지 가지런히 놓여 있다. 마유미는 우아한 은회색 기모노를 벌써 멋들어지게 입은 모습이다.

벚꽃 무늬 기모노를 차려입고 나가 유도후 전문점에서 점심을 먹는다. 아즈사와 사야카까지 모두 함께. 마유미와 아라시야마 주변을 걷는다. 날씨가 더할 나위 없이 따뜻하다. 봄이다, 정말. 강변의 늙은 벚나무 아래는 결혼 사진을 찍는 커플이며 도시락을 들고 꽃놀이 나온 사람들로 붐빈다. 벚꽃 만개한 길을 걸어 마쓰오 역까지 갔다가 택시로 집에 돌아왔다.

밤에는 니조 성으로 밤 벚꽃을 구경하러 갔다. 이 집 식구들도 밤에 니조 성의 벚꽃을 보러 간 건 처음이란다. 기모노 입고 조리 신고 하루 종일 돌아다닌 하루가 저문다. 이렇게 돌아와 만날 친구들이 있다는 건 얼마나 기쁜 일인지.

마음의 때를 벗겨주는 고요한 정원

아홉시 반에 교토 역에서 오사카의 어머님을 만났다. 지난 2월에 뵌 지 채 두 달도 안 지났는데 어머님은 나를 무척 반갑게 맞아주신다. 우리는 지금 오하라|大原|로 간다. 교토 북쪽의 소박한 시골 마을 오하라, 예전부터 가보고 싶었는데 이제야 찾아가게 되었다. 오하라는 예로부터 귀족들이나 스님들이 은거지로 삼았던 산간 마을이다. 17번 버스는 벚꽃이 눈처럼 흩날리는 강변길을 달려 한 시간 후 종점 오하라에 우리를 내려준다.

날씨는 잔뜩 흐리지만 수더분한 산세에 여기저기 핀 벚꽃이 마음을 끈다. 동쪽으로 갈까 서쪽으로 갈까 망설이다 우리는 동쪽의 산젠인부터 찾아간다. 절로 가는 길목, 작고 실박한 민가들이 서 있고, 삼나무와 노송나무 우거진 길 옆으로는 맑은 계곡물이 흘러내린다. 언덕길에 작은 채소절임 가게가 보인다. 길가에 내놓은 꼬치 오이가 시원해 보인다. 어머님이 하나씩 먹자며 사신다. 얼음통에 담겨 있던 오이는 아삭아삭하고 시원하다. 생오이가 이렇게 맛있는 거였나?

주변의 풍경을 즐기며 오르막길을 천천히 걸어가니 곧 산젠인|三千院|이다. 중국에서 천태종의 불법을 배워 온 사이초 대사가 세운 사찰인 산젠인의 본당 오조고쿠라쿠인에는 국보인 아미타여래좌상과 관세음보살, 세지보살이 안치되어 있다. 하지만 이 사찰을 아름답게 만드는

벚꽃이 희끗희끗 피어난 산골 마을 오하라

건 갸쿠텐에서 바라보는 정원의 풍경이다. 대청마루에 앉아 이끼 가득한 푸른 정원을 바라보며 수십만 개의 바늘을 지닌 나무들이 바람에 일제히 몸을 떠는 모습을 지켜본다.

갸쿠텐을 나와 정원을 거닌다. 정원 곳곳에 이끼를 옷처럼 뒤집어 쓴 작은 지장보살들이 고개를 내밀고 있다. 울창한 삼나무와 단풍나무, 이끼로 유명한 이 정원은 가을에 가장 붐빈다고 한다. 자양화원인 오쿠노인으로 발길을 옮기니 수국 3000그루가 모여 있다. 언젠가 수국이 활짝 핀 초여름에 이곳을 다시 찾아 꽃 향내에 취할 날이 왔으면…….

산젠인을 나와 바로 근처에 있는 호센인宝泉院으로 향한다. 이웃한 절 쇼린인의 주지 스님 거처로 세워진 곳이다. 입구에 후지산 모양으로 다듬은 수령 700년의 천연기념물 소나무가 발길을 멎게 하더니, 객전으로 들어서니 아예 창도 없이 기둥만 세워놓고 정원의 풍경을 그대로 끌어들인 구조가 탄성을 자아낸다. 정면으로는 울창한 대나무 숲, 왼쪽으로는 구불구불한 가지를 매단 채 맨몸을 드러낸 노송 한 그루. 다다미 위에 앉아 말차를 마신다. 산속이지만 봄빛이 완연해 바람은 순하기만 하다. 무릎을 꿇고 앉아 찻잔을 손에 들고 대숲을 휘감는 바람소리에 귀를 열어놓는다. 그렇게 앉아 있는 것만으로도 마음의 때가 조금씩 벗겨지는 듯하다.

호라쿠엔 정원을 둘러보고 나니 슬슬 배가 고파진다. 어머님이 "세이부 백화점 판매가 끝나 돈이 들어왔으니 맛있는 걸 먹자"라며 나를 이끈다. 산젠인 바로 앞 '세료'라는 식당으로 들어간다. 이 집의 명물인 미치쿠사 도시락을 시키자 옻칠을 한 붉은 3단 찬합에 온갖 산야채들이 앙증맞게 담겨 나온다. 데친 고사리, 머위꽃 무침, 산죽 절임, 소귀나무 열매찜 등 산골의 향기가 가득한 봄 도시락. 예뻐서 먹기가 아까울 정도다.

천천히 봄의 향기를 몸속으로 보낸 후, 다시 계곡을 내려와 이번에는 오하라 서쪽에 있는 잣코인|寂光院|을 찾아간다. 쇼토쿠 태자가 요메이 천황의 명복을 빌고자 세웠다는 이 절은 후대에 이르러 비구니 절이 되었다. 일본 무사들의 권력 다툼으로 인해 멸족한 안토쿠 천황의 어머니인 겐레이몬이 남은 여생을 보내면서부터다.

이 절은 2000년 봄에 방화로 본당과 천년 노송이 모두 불타는 불운을 겪었다. 아직도 범인은 잡히지 않았다는데, 연못 근처 불탄 노송의 죽은 몸피가 쓸쓸하다.

내려오는 길에 '오하라산소'라는 민슈쿠에 들러 가격을 물어보니 온천탕이 딸린 곳치고는 생각보다 저렴하다. 어머님이 다음에는 아버님

마루야마 공원에서 하나미를 즐기는 일본인들

과 함께 이곳에 머물며 온천욕을 즐기자고 하신다. 어머님도 나도 오하라의 고즈넉한 분위기에 마음을 빼앗겼다. 언제나 붐비고 번잡한 교토 시내를 벗어나 나들이하기 좋은 곳으로 점찍어둔다.

  돌아오는 길, 버스를 타고 가다가 다카노 강변길이 시작되는 슈가쿠인에키마에 정거장에서 내린다. 아까 버스를 타고 오하라로 가다가 이곳 강변길에 반해 돌아올 때는 강변을 따라 걷기로 한 터였다. 다카노가와 강변을 따라 끝도 없이 늘어선 벚나무들이 만개한 벚꽃을 바람에 흩날리고 있다. 걷는 사람도 드물어 우리는 벚꽃과 봄볕을 마음껏 즐기며 느리게 걷는다.

교토 시내의 온돌 카페에서 저녁을 먹은 후 택시를 타고 마루야마 공원으로 간다. 교토 벚꽃의 명소라는 마루야마 공원은 정말 하나미(꽃구경)를 즐기는 사람들로 가득하다. 시끄럽게 떠들고 노래까지 부르는 일본인들을 구경하는 게 벚꽃놀이보다 더 재미있다. 보통때는 그토록 얌전하고 조용한 일본인에게 저토록 야생적인 면이 있었다니! 예부터 하나미는 일본인들이 평소의 예의를 벗어던지고 마음껏 소란을 떨며 놀 수 있는 기회였다고 한다. 사람 구경을 실컷 하고 공원 앞에서 어머님과 헤어진다. 6월에 서울에서의 재회를 기약하며.

오늘은 3박 4일 짧은 여행의 마지막 날. 짐을 호텔에 맡겨놓고 숙소를 나선다. 날은 오늘도 따뜻하고 맑게 개었다. 오늘 걸을 길은 닌나지에서 료안지를 거쳐 킨카쿠지로 이어지는 '기누카케노미치│きぬかけの道│'다. 한여름에 설경을 보고 싶어 한 우다 천황을 위해 기누가사야마│衣笠山│에 흰 명주 천을 내건 데서 유래했다.

닌나지는 888년 우다 천황이 완공한 진언종 오무로 파의 총본산으로 세계문화유산에 등재된 절이다. 메이지유신 전까지는 황족이나 귀족의 자제들이 출가하던 절이라고 한다. 이곳에서 새삼스레 일본 절의 경영 마인드에 감탄하고 만다. 교토에서 가장 늦게 피는 벚꽃, 오무로자쿠라로 유명한 이곳의 정원은 벚꽃을 감상하러 온 사람들에게 500엔의 입장료를 받는다. 스님들이 나와서 표를 받고 있는 것은 그렇다 쳐도 그 정원 안으로 들어서니 이건 도무지 절간 풍경이라고 할 수가 없다. 소주와 맥주, 온갖 음식을 다 파는 데다 벚나무 아래 평상을 갖다 놓고 자릿값을 또 받는다. 200여 그루의 벚나무 아래 빽빽하게 들여놓은 평상. 그

위에는 혹시나 멋모르고 앉을까 싶어 친절하게도 '유료'라고 큼지막한 딱지까지 일일이 붙여놓았다. 아직 몽우리만 달고 있는 이곳의 벚나무와 진달래나무는 분명 볼 만하겠지만 이곳은 마루야마 공원만큼이나 소란스럽다. 절간이라기보다는 시장판이다. 이곳의 벚꽃이 아무리 아름답다 해도 나는 벚꽃 필 무렵에 이 절로 돌아오고 싶지는 않다. 별도의 입장료를 내고 들어온 절 마당에서 저잣거리의 소란과 음주가무를 똑같이 겪고 싶지는 않으니. 설마 이렇게 벌어들인 돈으로 절 배만 채우는 건 아니리라 애써 믿어본다. 소란스러움이 거슬려 벚꽃도 눈에 들어오지 않는다. 서둘러 절을 빠져나와 료안지로 걸어간다.

교토의 4대 명소 중 하나라는 료안지는 세계문화유산이자 일본의 특별 명승지다. 석정|石庭|이라 불리는 이곳의 정원은 1년 열두 달 사람들을 끌어 모은다. 흰 모래 위, 열다섯 개 돌만으로. 그 의도는 물론이고 언제 만들어졌는지, 누가 꾸몄는지도 알 수 없는 정원이라 더 매혹적이다. 호조의 대청마루에 걸터앉으니 정면 담장에 벚꽃이 흐드러지게 피어 있다. 햇살이 드리우는 빛과 그늘의 강렬한 차이가 공간을 더욱 비현실적인 분위기로 만든다. 어디에서 바라보든 한 개가 빠져 보인다더니, 정말 자리를 옮겨가며 아무리 세어도 돌은 열네 개뿐이다. 이 건물 호조에는 열다섯 개의 돌이 전부 보이는 공간이 딱 한 곳 있다는데, 굳이 찾아보고 싶지는 않다. 근처 손 씻는 바위에 새겨진 글귀 '오유지족|吾唯知足|'처럼 나는 지금 현재만으로도 충분히 만족스럽기에.

초봄의 열흘 남짓한 시간 사이 교토는 연분홍 옷을 덧입었다가 그마저 버겁다는 듯 훌훌 털어버린다. "사쿠라꽃 피면 여자 생각에 쩔쩔맨다"던 소설가도 있었지만, 벚꽃은 질 때가 더 눈부시다. 계집아이 이름 같은 '사쿠라'는 마음 돌아선 여인처럼 급하게 떨어져 내린다. 미련 품을 틈도 없이. '사쿠라' 만개한 교토에는 지루한 과거도, 불안한 미래도 들어설 틈이 없다. 지금 이 순간이 있을 뿐이다. 꿈처럼 짧고 강렬한 열락이다. 카르페 디엠!

담장 너머 흐드러지게 핀 벚꽃도 석정을 즐기기 위해 기웃거리는 걸까.

꿈처럼 짧게 지나가는 교토의 봄날들, 카르페 디엠!

부록

1 트레킹 코스 난이도는 별 4개를 기준으로 칠해진 별이 많을수록 난이도가 높다.

2 이 책에 언급된 숙소와 교통편의 가격은 여행 당시를 기준으로 했다.
바뀔 가능성이 있으니 미리 확인하는 것이 좋다.

3 부록에 삽입된 약도는 참고용이니 정확한 지도를 이용하는 것이 좋다.

4 🏨 – 숙소, 🍴 – 식당, 🏠 – 명소, 🚌 – 교통

홋카이도 北海道

일본 열도의 최북단에 위치한 길고 혹독한 겨울의 땅 홋카이도. 일본 전체 면적의 5분의 1을 차지하지만 거주 인구는 5퍼센트에 지나지 않아 인구밀도가 가장 낮은 지역이다. 지루한 겨울이 끝난 후 찾아온 봄의 홋카이도는 그 짧은 시간 동안 경이로운 자연의 아름다움을 선물한다. 6월과 7월의 홋카이도는 대지의 충만하고 싱싱한 기운을 마음껏 느끼게 해준다. 개인적으로 가장 추천하는 일본 여행지. 야생의 세계가 살아있는 홋카이도에서는 하이킹, 래프팅, 캠핑, 낚시, 산악자전거, 카누 등 다양한 야외활동을 즐길 수 있다. 스키와 보드 등 겨울 스포츠의 천국으로도 유명하다.

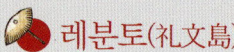
레분토(礼文島)

레분토 섬은 일본의 최북단 유인도로 바다 건너편은 러시아다. 동서로 약 5킬로미터, 남북으로 약 20킬로미터의 가늘고 긴 섬 전체가 리시리-레분-사로베쓰 국립공원의 일부다. 구릉상의 지형으로 레분 산의 표고 490미터가 최고 고도. 해안 쪽으로 완만한 경사를 이루는 동쪽에 마을이 형성되어 있고, 서쪽 해안은 대부분 절벽이다. 해상에 고립된 섬인 탓에 오랜 시간이 흐르면서 독자적인 진화를 이룬 고유의 식물이 많다. 많은 여행자들이 봄에 들꽃 트레킹을 하러 이곳을 찾는다.

1 '4시간 코스'와 '8시간 코스'

4시간 코스는 레분토 북쪽 끝의 스코톤 곶(スコトン岬)에서 시작해 고로타 곶, 스카이 곶을 돌아 서해안을 따라 내려오는 코스로 하마나카(浜中)에서 끝난다. 8시간 코스는 스코톤 곶에서 시작해 스카이 곶, 고로타하마, 우엔나이의 서해안을 거쳐 내륙으로 들어와 레분 숲길과 합류해 가후카이 근처에서 끝난다.

- 소요 시간 : 4시간(13km) / 8시간(30km)
- 난이도 : ★☆☆☆
- 시작 지점 : 스코톤 곶
- 종료 지점 : 하마나카(4시간 코스) / 가후카이 근처(8시간 코스)

2 찾아가는 법

삿포로나 아사히카와에서 기차를 타고 왓카나이(稚內)까지 간다. 왓카나이에서 레분토까지는 약 60킬로미터로, 배를 타야 한다. 섬의 남쪽에 자리한 가후카는 레분토의 가장 큰 마을이자 항구. 가후카에서 북쪽 스코톤(1시간 소요, 1180엔)까지, 남쪽 시레토코(10분 소요, 300엔)나 모토치(15분 소요, 440엔)까지 버스가 다닌다. 운행 시간이 불규칙하고 운행 편수가 많지 않으니 미리 확인해야 한다.

3 여행하기 좋은 때

들꽃이 온 섬을 뒤덮는 6월부터 8월까지가 여행철이다. 6월은 일조시간이 15시간 이상으로 가장 길어 새벽 4시부터 저녁 7시까지 환하다. 개불알꽃이 피어나는 6월 초부터 6월 중순까지가 최고 성수기. 이 시기에 트레킹을 하려면 반드시 숙소를 예약해야 한다. 대부분의 숙소에서 항구까지 손님을 태우러 나오고, 트레킹 코스까지 데려다 준다.

4 여행 Tip

- 레분토는 변덕스런 날씨로 악명 높다. 일기예보를 경청하고 방수 점퍼와 따뜻한 옷을 여벌로 준비하자. 이 섬에는 고유종, 희귀종 식물이 많이 서식한다. 발밑에 펼쳐진 고산 식물을 즐길 때 꼭 정해진 길로만 걷고, 식물을 채취하거나 꺾는 일은 절대 하지 말자.
- '우니(海胆)'라 불리는 성게와 다시마는 이 섬의 특산품이다. 미끌미끌하고 싱싱한 성게덮밥을 먹어보자.
- 4시간 코스와 8시간 코스 이외에도 왕복 4시간이 소요되는 레분다케 등산 코스, 2시간짜리 모모이와 전망대 코스(가후카 페리

터미널-모모이와 전망대-시레토코 / 5km), 레분 숲길 코스(가후카이 숲길 입구-모토치 숲길 입구 / 8km / 2시간 소요) 등 다양한 코스가 있다.

5 실용 정보

🏠 **민슈쿠 가이도(海憧)**: 4시간 코스와 8시간 코스가 시작되는 스코톤 곶에서 가깝다. 항구와 트레킹 지점까지 픽업 서비스를 해준다. 1박 2식 6000엔 / Tel 01638-7-2717

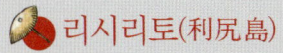 리시리토(利尻島)

리시리토 섬은 왓카나이에서 남서쪽으로 약 20킬로미터 떨어져 있다. 섬 전체에 걸쳐 솟구치듯 리시리 산이 자리잡고 있다. 표고 1721미터로 후지산처럼 생겨 '리시리후지'라는 애칭으로 불리는데 거칠고 급한 오르막을 품고 있다.

1 리시리 산 등반 코스

해안을 바라보며 걷는 길로, 파노라마로 펼쳐지는 360도 전망을 즐길 수 있다. 등산로는 리시리 섬 북쪽 해안의 오시도마리(鴛泊)와 서해안의 구쓰가타(沓形) 두 곳이 있다. 안전하고 접근이 쉬운 오시도마리 구간을 주로 이용한다. 날씨가 좋은 날이면 정상에서 섬 전체와 레분토, 사로베쓰 초원, 사할린까지 조망할 수 있다. 정상 부근은 비탈과 좁은 능선이 이어져 낙석에 주의하며 걸어야 한다.

- 소요 시간 : 8~9시간 / 18km
- 난이도 : ★★★☆
- 시작 지점 : 오시도마리
- 종료 지점 : 오시도마리

2 찾아가는 법

왓카나이에서 페리로 리시리토 오시도마리 항구까지는 약 2시간이 소요된다(편도 요금은 약 2500엔). 레분토의 가후카 항구에서 배를 타면 오시도마리 항구까지 약 40분 소요(편도 요금 930엔). 항구에서 등산로 입구까지는 약 3km. 버스가 드무니 택시로 이동하는 편이 좋다(택시 요금 약 1500엔). 리시리 호쿠로쿠 야영장이 등산로 입구.

3 여행하기 좋은 때

리시리 섬은 250여 종의 새들과 다양한 고산 식물들의 고향이다. 7월 초에서 8월 초까지는 야생 양귀비와 미나리아재비가 피어나는 최고의 시기. 트레킹 시기는 마지막 눈이 녹는 7월 초부터 눈이 내리기 전인 9월 말까지다. 단, 날씨가 변덕스럽고 안개가 자주 낀다.

4 여행 Tip

- 날씨와 등산 조건을 고려해 반드시 새벽 일찍 출발하자. 대부분의 등산객들은 보통 야영장에서 5시를 전후해 출발한다. 안전 사고에 대비해 야영장 입구에서 입산 신고서(출발 시간, 등산로, 예정 하산 시간 기입)를 작성해 제출한 후 등산을 시작해야 한다.
- 물을 구할 수 있는 마지막 구간은 야영장 입구에서 10분 남짓 걸리는 3고메의 간로센스이(甘露泉水) 샘이다. 일본의 100대 명수에 꼽힌 물이니 이곳에서 물을 채우자.
- 리시리 산을 오를 때 등산로를 벗어나 걸으면 침식을 유발하여 등산로 붕괴의 원인이 된다. 정해진 등산로로만 걷고 절대 쓰레기를 남기지 말자. 생리작용은 반드시 휴대용 용변기를 사용해 해결해야 한다. 야영장 입구에서 구입할 수 있다. 지팡이를 사용할 때는 앞부분에 고무 캡을 씌워, 붕괴되기 쉬운 토양에 구멍을 내는 일을 방지하자. 고산 식물 위에 앉거나 밟지 않도록 하자.
- 여름철이라도 반드시 긴소매, 긴 바지를 입고, 방한복, 비옷, 여벌의 옷, 장갑 등을 준비하고, 비상식량도 꼭 챙긴다.

5 실용 정보

🏠 **호쿠로쿠 야영장**: 오시도마리 항 근처의 등산로 입구. 침구가 제공되는 방갈로가 있고 텐트도 칠 수 있다. 방갈로 1인당 3000엔. 텐트 한 동당 300엔. 공중전화와 화장실도 있다. 미리 예약해야 한다(Tel 01638-2-2394). 야영장에서 폰 산(왕복 1시간)이나 히메누마 습지로 가는 코스도 있다. 야영장에서 걸어서 30분 거리에 리시리후지 온천이 있다. 온천욕 500엔.

🚌 하트랜드페리 www.heartlandferry.jp
히가시니혼카이 페리 www.kaiferry.co.jp
홋카이도 JR 철도 www.jrhokkaido.co.jp

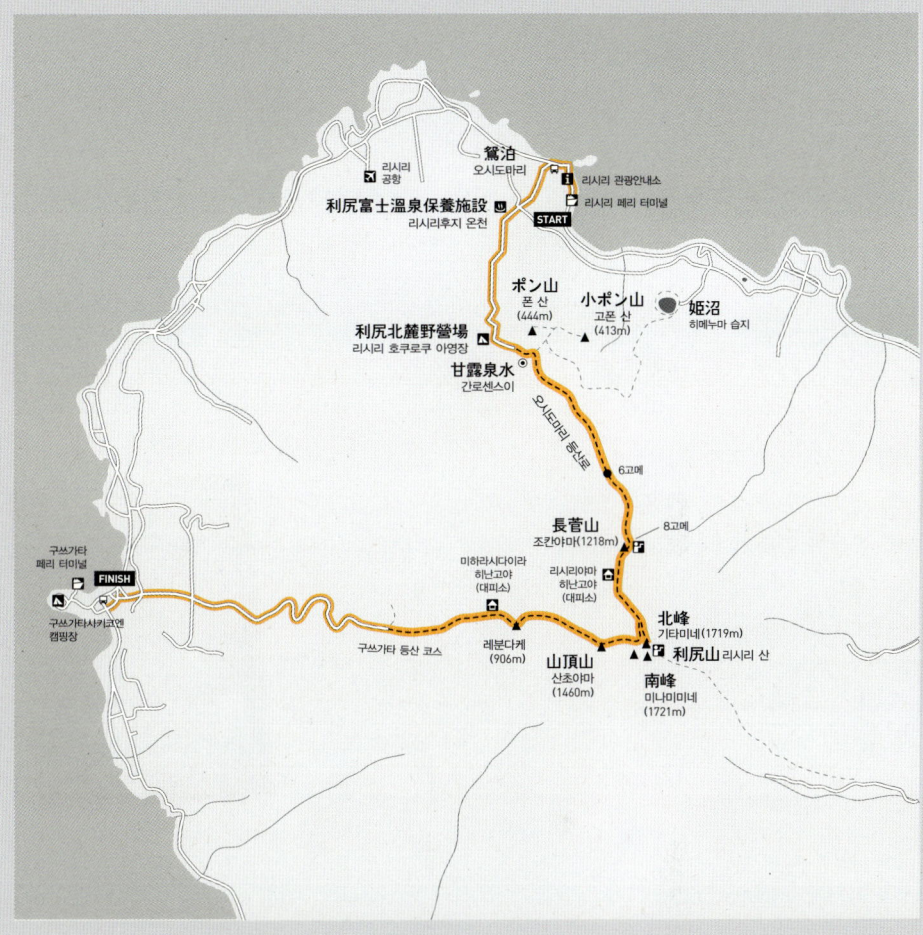

시레토코(知床)

시레토코는 홋카이도의 동북부에 돌출한 반도로 길이 70킬로미터, 중앙부의 폭 25킬로미터의 가늘고 긴 모양이다. 세계자연유산인 이곳은 원주민 아이누족의 언어로 '땅이 끝나는 곳'을 뜻한다. 대부분의 지역이 인간의 손이 닿지 않은 원시림을 이룬다. 바다, 강, 계곡, 습지, 고산, 숲이 다채롭게 펼쳐지며 원시적인 생태계가 남겨져 있어 곰, 사슴, 여우 등의 야생동물이 살고 있다. 흰죽지참수리, 올빼미, 바다사자, 고래, 시레토코스미레(흰제비꽃) 등 멸종위기에 처한 야생동식물의 귀중한 서식지이며 '일본의 마지막 비경'으로 꼽힌다. 겨울에는 북극에서 떠내려 온 유빙도 볼 수 있다.

1 시레토코 고코(五湖) 코스

울창한 원시림에 자리 잡은 다섯 개의 호수를 둘러보는 약 3킬로미터의 산책 코스다. 길을 걷다가 사슴이나 여우를 만날 수 있고, 운이 좋으면(?) 불곰도 마주칠 수도 있다. 1호에서 5호까지의 호수를 연결하는 잘 정비된 산책로를 따라 산책하듯 가볍게 걸으며 대자연을 느껴보자.

- 소요 시간 : 1시간
- 난이도 : ★☆☆☆
- 시작 지점 : 시레토코 고코
- 종료 지점 : 시레토코 고코

2 찾아가는 법

JR 시레토코 샤리(斜里) 역에서 시레토코 고코 방향으로 가는 버스(하루 3회 운행. 1시간 10분 소요. 약 1900엔)를 탄다. 이 버스는 도중에 시레토코 자연 센터와 이와오베쓰 유스호스텔을 경유한다.

3 여행하기 좋은 때

6~9월이 가장 좋다. 7월 말부터 8월 중순까지는 특별히 운행되는 셔틀 버스도 생겨 이동이 한결 편해진다. 시레토코의 주요 도로는 겨울철에 통행이 금지된다.

4 여행 Tip

- 시레토코에서는 계곡 물을 마셔서는 안 된다. 여우의 배설물에 독성이 있기 때문이다.
- 야생동물이 야생성을 유지할 수 있도록, 먹이를 절대 주지 않는다. 히구마로 불리는 불곰은 사람이 달고 다니는 종 소리를 듣고 피해 간다고 한다. 배낭에 작은 종을 매달고 다니자.
- 시레토코의 볼거리로는 뜨거운 온천 폭포인 가무이왓카유노타키 폭포를 비롯하여, 후레페노타키 폭포, 오신코신노타키 폭포 등이 있으며, 우토로 온천 마을 등도 있다. 우토로 항에서는 유람선을 타고 시레토코 반도의 비경을 즐길 수도 있다. 시레토코의 가장 높은 봉우리인 라우스다케를 등반하는 코스(8시간)도 있지만 눈이 녹았는지 미리 확인해야 한다.

5 실용 정보

이와오베쓰 유스호스텔: 시레토코 자연 센터와 시레토코 고코 중간에 자리 잡고 있다(Tel 01522-4-2311). 이곳에서 이와오베쓰 온천(4km), 시레토코 고코, 자연 센터 모두 걸어서 한 시간 거리다. 이와오베쓰 온천(800엔) 입구 근처 숲 속에 있는 노천탕은 무료지만 혼탕이다.

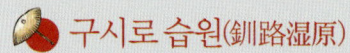 구시로 습원(釧路湿原)

홋카이도 남동부 지역의 구시로 강 유역에 펼쳐진 구시로 습원은 약 269km²에 달하는, 일본에서 가장 넓은 습지다. 국립공원으로 지정되어 있으며 람사르 조약에도 등록되었다. 두루미를 비롯한 야생동물의 귀중한 서식지로, 대평원에 하천과 호수, 늪 지대가 흩어져 있어 자연경관도 빼어나다. 근처에는 아칸 호, 마슈 호, 굿샤로 호 등 맑고 투명한 물빛으로 유명한 아칸 국립공원도 있다.

1 구시로 습원 산책 코스

● 호소오카 전망대(細岡展望台) 코스: 호소오카 역에 내려 유메가오카 전망대, 닷코부 오토 캠프장, 제2전망대(다이칸보)를 거쳐 구시로시쓰겐(釧路湿原濕) 역까지 걸어가는 코스로 3시간 반이 소요된다(11km).

● 도로(塘路) 역에 내려 에코뮤지엄 센터, 사루보 전망대, 삼각점 전망소, 도로 역으로 돌아오는 코스는 3시간 남짓 걸린다.

2 찾아가는 법

삿포로에서 구시로까지는 특급 열차로 3시간 40분. 왓카나이에서는 특급으로 5시간, 아사히카와에서는 특급으로 1시간 20분 소요. 4월 말부터 10월 말까지 운행되는 열차 도롯코 호를 타면 구시로 습원을 편하게 둘러볼 수 있다. 도롯코 호는 습원을 관람할 수 있는 대표적인 교통수단으로, 여름에는 구시로 역에서 도로 역까지 운행된다. "세계에서 가장 느린 속도로 달린다"라고 할 정도로 천천히 이동하기 때문에 자연을 여유롭게 즐길 수 있다. 중간에 전망대에 내려 산책로를 걸으며 둘러볼 수 있다.

3 여행하기 좋은 때

5월 초에서 7월 중순, 9월 말에서 10월 말까지가 산책하기에 가장 좋다. 여름에는 등에나 꿀벌이 나타나므로 긴소매와 긴 바지를 입어야 한다. 여름철이라 해도 평균 기온이 20도 전후로 아침 저녁으로는 쌀쌀하므로 따뜻한 옷이 필요하다.

4 여행 Tip

● 호소오카 전망대에서 바라보는 전경이 가장 좋다고 한다. 멀리 아칸 연봉을 배경으로 끝없이 펼쳐지는 푸른 습원 사이로 굽이굽이 흘러드는 강줄기를 조망할 수 있다. 도로 호수에서 호소오카까지 카누를 타고 돌아보거나 열기구를 타고 습지대를 돌아보는 것도 가능하다.

● 구시로에는 아칸 국립공원도 있다. 원시림으로 둘러싸인 맑은 호수 주변을 걸어서 둘러볼 수 있다.

5 실용 정보

구시로시쓰겐 도로 유스호스텔: 도로 역 바로 앞 별 4개짜리 유스호스텔로 시설이 좋다. 숙박비 3360엔(회원가) / 저녁 식사 1050엔, 아침 식사 500엔 / Tel 01548-7-2510

다이세쓰잔(大雪山)

홋카이도 최고봉 아사히다케(旭岳, 2290미터)를 주봉으로 2000미터급 산봉우리들이 이어지는 다이세쓰 산은 일본 최대의 국립공원이다. 고산 식물이 자라는 원시림, 펄펄 끓는 온천이 자리 잡은 대자연의 보고다. 아사히다케 온천에서 출발해 최고봉 아사히다케를 오른 후 소운쿄(層雲峽)로 내려오는 코스는 다이세쓰 산의 자연을 짧은 시간에 가장 다양하게 즐길 수 있다. 소운쿄는 주상절리의 절벽과 장쾌한 폭포가 아름다운 계곡이므로 도보나 자전거로 둘러보자. 온천 마을이기도 해 곳곳에서 온천욕을 즐길 수 있다.

1 트레킹 코스

아사히다케 온천에서 케이블카를 타고 12분간 오르면 고도 1600미터 (편도 1500엔). 이곳에서부터 트레킹을 시작한다. 케이블카 정거장에서 아사히다케까지는 2시간 소요. 구로다케에서 로프웨이를 타고 소운쿄에 내린다.

- **소요 시간** : 6시간
- **난이도** : ★★☆☆
- **시작 지점** : 아사히다케 온천 케이블카 정거장
- **종료 지점** : 소운쿄

2 찾아가는 법

아사히카와 역 앞 버스 정거장에서 아사히다케 온천까지 가는 버스를 탄다(편도 1320엔 / 1시간 40분 소요 / 하루 3회).

3 여행하기 좋은 때

7월 초부터 10월 말까지가 트레킹 시즌이다. 7월 초에도 눈이 쌓인 지역이 있어 여름 들꽃과 겨울 눈을 함께 즐길 수 있다. 7월 말부터 8월 초순은 가장 붐비는 시기이므로 되도록 피하자.

4 여행 Tip

홋카이도의 산들은 2000미터를 조금 넘을 뿐이지만 북쪽 지역에 위치해 3000미터급의 산들과 같은 식생과 기후를 보인다. 2009년 7월 저체온증으로 10명이 이 산에서 사망하는 대형 사고가 나기도 했다. 반드시 보온과 방수가 되는 장비를 준비하고, 여벌의 옷도 준비해야 한다.

5 실용정보

다이세쓰잔 시라카바소 유스호스텔: 아사히다케 온천 버스 정거장 바로 앞에 위치. 별 4개짜리 유스호스텔로 온천욕장이 딸려 있다. 시즌에 따라 숙박가격이 다름. 7월 기준 숙박(회원가) 4500엔 / 저녁 식사 1720엔, 아침 식사 700엔 / Tel 0166-97-2246

소운쿄 유스호스텔: 소운쿄 로프웨이에서 내려 오른쪽 도로를 따라 5분. 친절하고 인터넷 가능함. 숙박 3150엔 / 저녁 식사 1050엔, 아침 식사 630엔 / Tel 01658-5-3418

비에이(美瑛) / 후라노(富良野)

일본이라기보다는 프랑스의 프로방스, 혹은 이탈리아의 토스카나에 와 있는 듯한 느낌을 주는 곳. 도카치다케 연봉을 배경으로 들판 가득 꽃이 피어나는 예쁜 마을이다. 후라노는 라벤더의 고장이고, 비에이는 부드럽게 넘실거리는 구릉 지대로 계절마다 다양한 풍경이 펼쳐진다.

1 걷기 코스

후라노와 비에이를 둘러보는 데 정해진 코스는 없다. 걷거나 자전거를 타고 천천히 내키는 대로 이곳저곳 둘러보면 된다.

2 찾아가는 법

삿포로나 아사히카와에서 기차나 버스를 이용한다. 아사히카와에서 비에이까지는 열차로 30분, 후라노까지는 1시간 10분이 소요된다. 비에이에서 후라노 사이는 기차나 버스로 30~40분 소요.

3 여행하기 좋은 때

후라노와 비에이는 1년 내내 여행할 수 있다. 겨울철 눈이 쌓인 모습부터 여름철 라벤더가 가득 피어나는 풍경까지 사계절 내내 다양한 자연을 즐길 수 있다. 가장 인기 있는 시즌은 라벤더가 피어나는 7월이다.

4 여행 Tip

후라노와 비에이에는 갤러리, 공방, 박물관이 가득하며 직접 체험할 수 있는 다양한 프로그램이 있다. 도예교실, 농장 체험, 승마, 소시지 만들기, 버찌 따기, 열기구 타기, 행글라이딩, 설상차(snow mobile) 타기, 압화 만들기, 스테인드글라스 램프 만들기, 옻칠하기 등등. 유럽의 기후와 풍토를 닮은 후라노는 포도를 재배해 와인을 만드는 와이너리, 맛있는 치즈와 버터, 아이스크림으로 유명하다.

홋카이도는 과일과 채소, 생선이 풍성해 '일본의 식량 창고'라고 불려왔다. 양고기와 야채를 둥근 철판에 구워 먹는 징기스칸 요리, 왕게를 비롯한 신선한 해산물이 유명하다. 일찍 들어온 서양식 낙농업 덕분에 신선한 유제품과 소프트 아이스크림도 발달해 있다. 130년 이상의 양조 역사를 자랑하는 일본 최초의 맥주도 빠질 수 없다.

5 실용 정보

🏠 **비바우시 리바티 유스호스텔**: 시설과 투숙객을 배려하는 마음이 모두 뛰어나다. 비바우시 역 근처에 위치. 인터넷 무료. 저녁 식사, 아침 식사 포함 숙박비 5700엔 / Tel 0166-95-2141

🏠 **비에이 포테토노오카 유스호스텔**: 비에이 역에서 4km 떨어져 고즈넉한 들판 가운데에 위치해 있다. 시설이 뛰어나다. 1박 2식 포함 숙박비 5800엔(회원) / 자전거 1일 대여비 1200엔 / 역까지 픽업 서비스 가능 / Tel 0166-92-3255

🏠 홋카이도 유스호스텔 협회 Tel 011-825-3389 / www.youthhokkaido.com

혼슈 本州

동해와 태평양 사이에 위치해 북동쪽에서 남서쪽으로 길게 뻗은 섬. 길이 약 1500km, 최대 너비 300km, 면적 약22만7414㎢로 일본 열도 중 가장 큰 섬이다. 도호쿠(東北) 지방, 간토(関東) 지방, 주부(中部) 지방, 긴키(近畿) 지방, 주고쿠(中國) 지방 등 5개 지방으로 나뉜다. 3776미터의 후지산(富士)이 최고점이다. 일본에서 제일 큰 섬답게 가장 많은 볼거리와 역사·문화 유적을 품고 있다.

북알프스 다테야마(立山)~쓰루기다케(劍岳)

주부산가쿠(中部山岳) 국립공원 안의 북알프스 지역은 일본에서 가장 인기 있는 하이킹 지역이다. 3000미터를 넘는 봉우리들이 늘어선 풍경이 빼어난 데다 접근성이 비교적 쉽고 산장 시설이 좋기 때문이다. 셀 수 없이 많은 트레일이 있지만 여기서는 무로도(室堂)에서 시작해 다테야마를 거쳐 쓰루기다케로 향하는, 북알프스의 대표적인 하이킹 코스를 소개한다.

1 하이킹 코스

일본의 3대 성산(聖山)인 다테야마(3015m)는 인근 도야마 부근의 초등학생들에게도 인기 있을 만큼 오르기가 쉽다. 반면, 쓰루기다케(2998미터)는 일본 100대 명산 중에서도 오르기 어려운 봉우리로 손꼽힌다. 전문적인 암벽 기술이나 장비는 필요 없지만 철사다리와 철심이 곳곳에 설치되어 있고 아찔할 만큼 가파른 구간이 몇 곳 있다. 날씨가 나쁠 때는 바위벽이 미끄러워져 위험하니 등반을 삼가자.

무로도 고원(2450m)에서 시작해 다테야마를 거쳐 쓰루기다케(2998m)를 오른 후 무로도로 내려오는 코스를 소개한다. 첫날은 무로도 고원에서 다테야마 정상을 거쳐 겐잔소 산장(2999m)까지 간다 (총 4~5시간 소요). 다음 날 짐을 싸서 산장에 맡긴 후 쓰루기다케를 오른 후(왕복 4~5시간) 무로도로 내려온다 (3~4시간 소요).

- 소요 시간 : 1박 2일
- 난이도 : ★★★☆
- 시작 지점 : 무로도
- 종료 지점 : 무로도

2 찾아가는 법

서울에서 도야마(富山)까지는 항공편으로 이동(1시간 40분)한 후 도야마 역으로 간다. 도야마 역에서 데라다(寺田) 역을 거쳐 다테야마 역까지 간 후(50분 소요), 그곳에서 케이블카(10분 소요)와 고원 버스(60분)를 갈아타고 무로도로 이동한다.

3 여행하기 좋은 때

7월 초부터 10월 중순까지가 트레킹이 가능한 시기다. 장비를 제대로 갖춘 숙달된 경험자라면 산장이 문을 여는 4월 말부터도 가능하다. 단, 눈과 얼음이 아직 많이 남아 있기 때문에 크램폰(Crampon)을 비롯한 적절한 장비가 필요하다. 한여름에도 북알프스의 날씨는 변덕스런 여인의 마음처럼 극단을 오간다. 반드시 방수 및 보온 장비를 철저히 챙겨야 한다. 5월 초의 골든 위크와 8월 초는 일본인들이 가장 몰리는 시기이므로 되도록 피하자.

4 여행 Tip

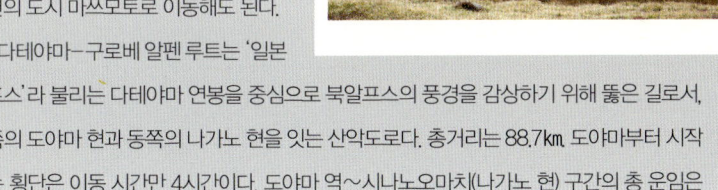

- 만약 1박 2일 산행을 마친 후 다테야마-구로베(黑部) 알펜 루트를 즐기고 싶다면 무로도 터미널에서 표를 끊어 시나노오마치(信濃大町)까지 이동한 후, 그곳 주변의 도시 마쓰모토로 이동해도 된다.
- 다테야마-구로베 알펜 루트는 '일본 알프스'라 불리는 다테야마 연봉을 중심으로 북알프스의 풍경을 감상하기 위해 뚫은 길로서, 서쪽의 도야마 현과 동쪽의 나가노 현을 잇는 산악도로다. 총거리는 88.7㎞. 도야마부터 시작하는 횡단은 이동 시간만 4시간이다. 도야마 역~시나노오마치(나가노 현) 구간의 총 운임은 1만 엔이 넘는다. 이 루트는 매년 4월 중순 개통돼 11월 30일까지 운행된다. 해마다 4월 중순

이 되면 비조다이라(美女平, 해발 977m)에서 무로도(해발 2450m)까지의 길이 23km 이차선 도로에 높이 18미터의 '설벽 도로'가 개통된다. 도야마→다테야마→비조다이라→무로도→다이칸보(大観峰)→구로베다이라(黒部平)→구로베 댐(黒部ダム)→오기사와(扇沢)→시나노오마치 역

5 실용 정보

겐잔소 산장(劍山荘): www.net3-tv.net/~kenzansou / Tel 076-482-1564

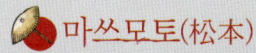 ## 마쓰모토(松本)

북알프스 지역의 산악 도시로 나가노 현에 자리 잡은 소도시. 메토바가와(女鳥羽川) 강을 따라 형성된 도시로 북알프스 산군에 둘러싸여 있다. 건축미가 돋보이는 마쓰모토 성(松本城), 세련된 나카마치도리(中町通り) 등을 찾아가 볼 만하다.

1 찾아가는 법

나가노(長野)에서 기차나 버스로 1시간, 시나노오마치에서도 1시간 소요.

2 실용 정보

🏨 **마루모 료칸**: 1868년에 지어졌으며 나카마치도리에 자리 잡은 전통 료칸. 예쁜 카페가 딸려 있다. 1박 5500엔 / 아침 식사 1000엔 / Tel 0263-32-0115

🏨 **마쓰모토 호텔 가게쓰(松本ホテル花月)**: 마쓰모토 성 남동쪽에 있는 작고 깔끔한 호텔. 1박 6500엔부터. Tel 0263-32-0114 / http://hotel-kagetsu.jp/index.html

🎵 **재즈카페 에온타(jazz et booze EONTA)**: Tel 0263-33-0505(수요일 휴무)

🏠 **호타카요조엔(穂高養生園)**: 아리아케 산 발치에 자리 잡은 명상 건강 센터. 매크로바이

오틱 음식과 온천욕을 즐기며 요가, 명상, 침 등이 가능. 마쓰모토 역에서 오이토 선 기차를 타고 호타카 역이나 아리아케 역에서 하차, 택시로 15분. 1박 2식 10,000엔 / Tel 0263-83-5260 / www.yojoen.com

 ## 마고메(馬籠)~쓰마고(妻籠)

나가노 현의 남서쪽에 자리잡은 깊은 삼림지대로 교토와 에도를 잇던 길 나카센도(中山道)의 길목이다. 에도 시대의 분위기가 고스란히 살아 있는 예쁜 마을 쓰마고와 마고메를 넘는 고갯길로서, 마고메토게(801미터)가 가장 높은 지점.

1 걷기 코스

쓰마고나 마고메, 어느 쪽에서 시작해도 되지만 고도가 더 높은 마고메에서 시작하는 편이 조금 더 쉽다.

- **소요 시간**: 2시간 반
- **거리**: 7.8km
- **난이도**: ★☆☆☆
- **시작 지점**: 마고메 (600미터)
- **종료 지점**: 쓰마고 (420미터)

2 걷기 좋은 시기

이 길은 1년 내내 걸을 수 있지만 겨울철에는 문을 닫는 상점과 여관들이 많다.

3 찾아가는 법

JR 주오(中央) 라인을 타고 나기소(南木曽) 역이나 나카쓰가와(中洲川) 역에 내린다. 나기소에서 쓰마고까지는 버스(1일 8회/10분 소요)를 타거나 걷는다(1시간 이내). 나카쓰가와 역에서 마고메까지는 1시간에 1대 꼴로 버스가 있다(30분 소요). 마고메와 쓰마고를 잇는 버스는 하루 3~4회 운행, 30분 소요.

4 여행 Tip

● 마고메와 쓰마고의 관광안내소에는 짐 배달 서비스가 있다. 오전 8시 반부터 11시 반 사이에 출발 지점의 관광안내소에 짐을 맡기면 오후 1시 이후에 도착 지점의 관광안내소에서 짐을 찾을 수 있다. 짐 1개당 가격 500엔. 7월부터 8월은 매일, 3월 말부터 11월 말까지는 토, 일, 공휴일에 이 서비스를 이용할 수 있다.

● 마고메에서 시작해 쓰마고, 기소후쿠시마, 야부하라를 거쳐 나라이까지 나카센도를 걸을

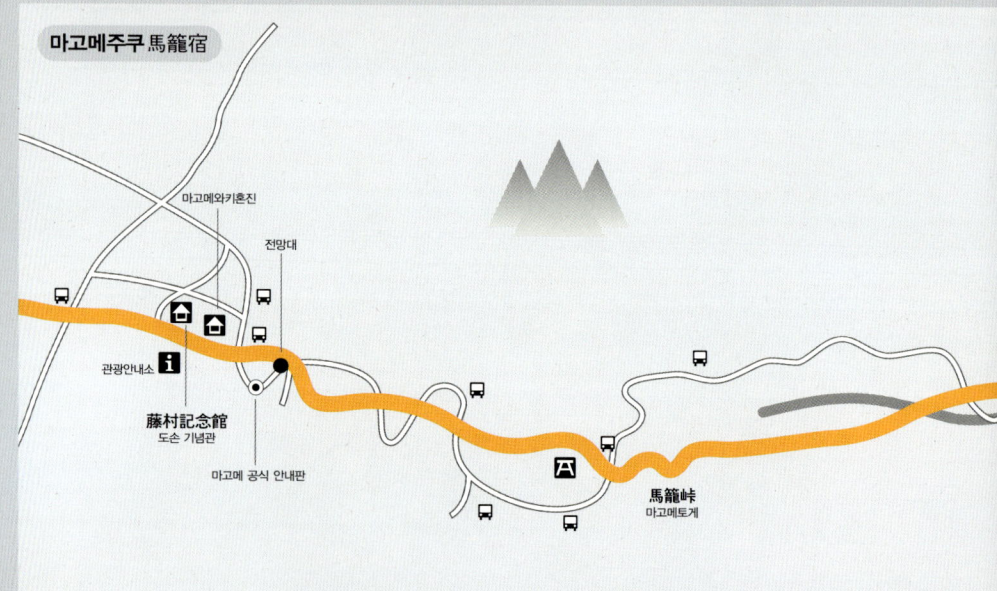

수 있다. 총 5시간 소요.

5 실용 정보

🚌 **다이키치 료칸(大吉旅館):** 쓰마고 마을 끝 계곡에 자리 잡은 료칸. 1박 2식 1만 500엔 / Tel 0264-57-2595

🚌 **이세야(下問屋):** 나라이 마을의 전통 료칸. 나라이 기차역에서 도보 10분. 1박 2식 9300엔 / Tel 0264-34-3051 / www.oyado-iseya.jp

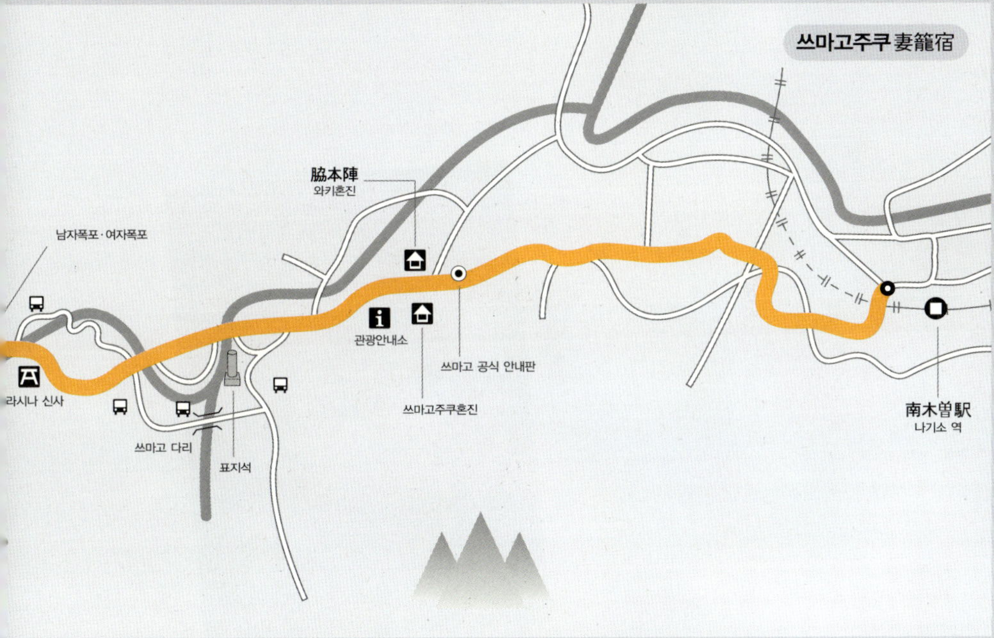

닛코(日光) 센조가하라(戦場ヶ原)

1 걷기 코스

유모토 온천(湯元温泉) 근처의 유노코(湯ノ湖)라는 호수에서 시작해 난타이 산(男体山)의 서쪽에 자리 잡은 류즈노타키(竜頭ノ滝) 폭포에서 끝나는 길. 아이들을 데려온 가족도 함께 걸을 수 있을 정도로 완만하다. 호수와 폭포, 숲과 습지를 거치는 동안 난타이 산과 오쿠시라네 산(奥白根山)을 조망하며 걸을 수 있다.

- **소요 시간** : 2~2시간 반
- **거리** : 9km
- **난이도** : ★☆☆☆
- **시작 지점** : 유모토 온천
- **종료 지점** : 류즈노타키

2 찾아가는 법

닛코 역 앞 버스 정거장에서 유모토 온천 행 버스를 타고(1시간 소요) 종점 유모토 온천에서 내린다.

3 여행하기 좋은 때

이 길은 1년 내내 걸을 수 있다.

4 여행 Tip

- 주젠지코(中禅寺湖) 부근의 류즈노타키에서부터 걷기 시작한다면 유모토 온천에서 하이킹을 끝내고 온천욕을 즐길 수 있다.
- 날씨가 좋다면 유모토 온천에서 출발해 오쿠시라네 산을 올라도 좋다(7시간 소요. 난이도 보통).

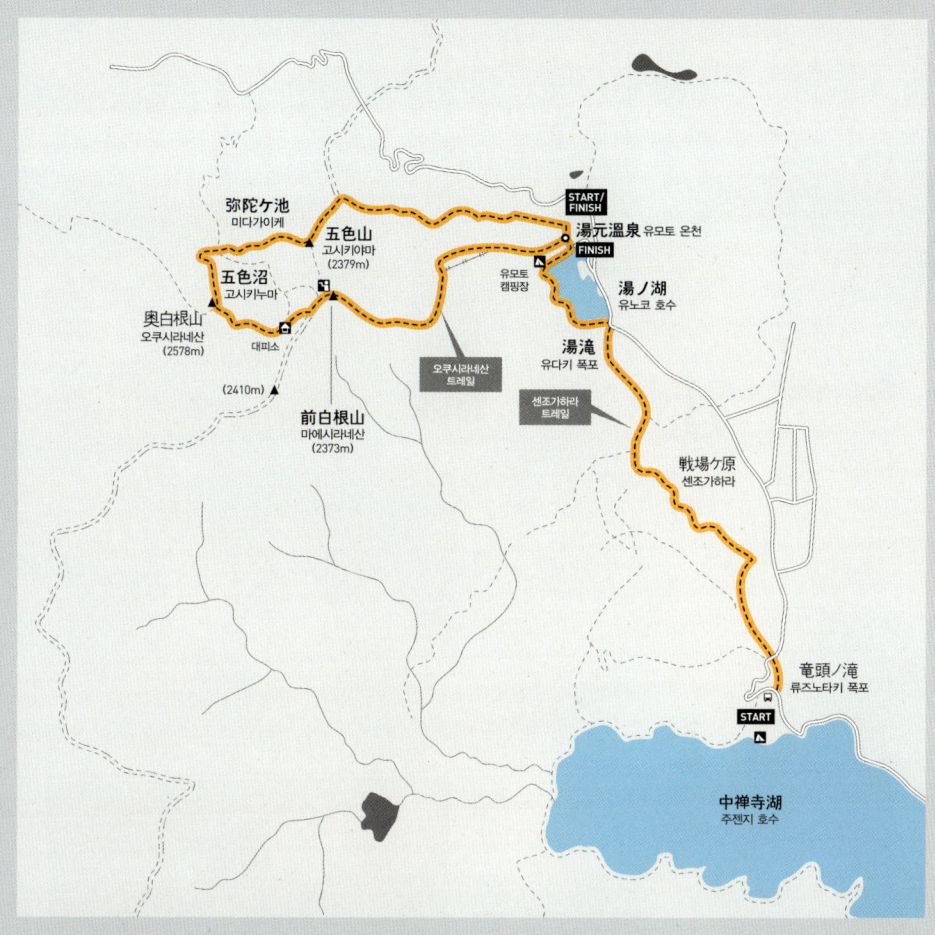

하코네 묘진가타케(箱根 明神ヶ岳)

1 걷기 코스

도쿄 서쪽 하코네 근처의 당일치기 코스. 삼나무 숲의 절에서 시작해 후지산을 조망하는 능선을 탄다. 끝나는 지점은 하코네와 가까우므로 버스로 이동하여 온천욕을 즐길 수 있다.

- 소요 시간 : 4시간
- 거리 : 10km
- 난이도 : ★★☆☆
- 시작 지점 : 다이유잔 사이조지(大雄山最乘寺)
- 종료 지점 : 미야기노(宮城野)

2 여행하기 좋은 때

1년 내내 트레킹이 가능하다.

3 찾아가는 법

도쿄의 시나가와(品川) 역에서 JR 도카이도-도큐(東海道-東急) 열차를 타고 오다와라(小田原) 역으로 간다. 다이유잔 행 기차를 타고 종점 다이유잔 역에 하차. 역 앞 버스 정거장에서 도료손(道了尊) 행 버스를 타고 역시 종점 도료손에서 하차(버스 10분 소요).

4 여행 Tip

미야기노 버스 정거장 옆에는 숙박을 겸한 마코모 온천이 있다. 온천욕 800엔.

미쓰토게야마(三ツ峠山)

1 걷기 코스

도쿄 외곽의 당일치기 산행으로 인기 있는 곳으로, 후지산의 빼어난 전망을 즐길 수 있는 코스. 숲길을 기분 좋게 걸어 후지산을 가까이서 만난 후 가와구치코(河口湖) 호수로 내려와 주변을 둘러보기에 좋다. 미쓰토게(三ツ峠) 역의 개찰구를 빠져나와 왼쪽으로 꺾은 후 '그린 센터(グリーンセンタ) 이정표를 따라 간다. 그린 센터 이후는 이정표가 잘 표시되어 있다. 미쓰토게야마는 세 개의 봉우리로 이루어졌다. 가장 높은 봉우리는 가이운잔(開運山)으로 1785미터.

- 소요 시간 : 6~7시간
- 거리 : 14km
- 난이도 : ★★☆☆
- 시작 지점 : 미쓰토게 역
- 종료 지점 : 가와구치코 역

2 찾아가는 법

도쿄 신주쿠(新宿) 역에서 주오 선(中央線)을 타고 오쓰키(大月) 역까지 이동, 후지큐코 선(富士急行線)으로 갈아타고 미쓰토게 역으로 간다(30분 소요). 가와구치코 역에서 미쓰토게 역까지는 네 정거장으로 20분 소요.

3 여행하기 좋은 때

1년 내내 걸을 수 있는 코스지만 후지산의 전망이 가장 아름다운 때는 겨울철이다. 시야가 깨끗한 데다 후지산의 정상 부분이 눈으로 뒤덮이기 때문이다.

4 여행 Tip

정상 부근에서는 암벽 등반도 가능하다. 도중에 음식이나 물을 구할 만한 곳이 없으니 미리 준비해 가자.

5 실용 정보

🏨 후지산의 전망을 즐기며 가와구치코 주변 조용한 곳에서 하룻밤 머물고 싶다면, Hotel Sunnide Village 추천. 당일 예약에 한해 '배낭여행자 특별 할인가격(1박 4200엔)' 서비스가 있다. 가와구치코 역에서 버스로 15분. Tel 555-76-6004

🏨 호텔 루트인 가와구치코(ホテルルートイン河口湖): 가와구치코 중심에 위치해 방에서 보는 후지산의 전망이 빼어나다. 노트북 소지 시 방에서 인터넷 가능. 싱글 6600엔, 트윈룸 1인당 7750엔(아침 포함) / Tel 0555-72-1011 / www.route-inn.co.jp

🏨 호게쓰(民宿峰月): 루트인 호텔 근처 민슈쿠. 후지산 전망이 빼어남. 1박 2식 7000엔.

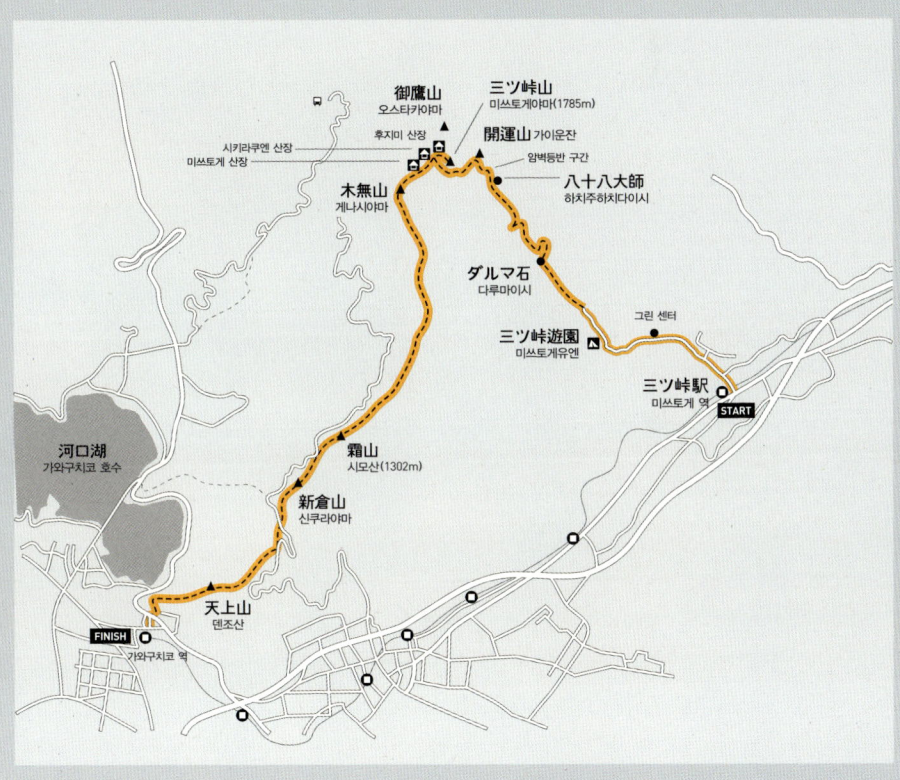

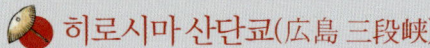
히로시마 산단쿄(広島 三段峡)

1 걷기 코스

산단쿄는 히로시마 북서쪽으로 60킬로미터 떨어진 협곡으로 편도 11.5킬로미터에 이른다. 특별 명승지로 지정된 계곡으로 심연과 폭포, 절벽이 아름답게 어우러져 있으며 초보자도 쉽게 걸을 수 있다. 특히 시바키가와(柴木川) 강을 따라가며 붉게 물드는 가을의 단풍으로 유명하다. 협곡을 따라 니단타키(二段滝)·산단타키(三段滝)·밋쓰다키(三ツ滝) 폭포가 이어진다. 산단쿄의 입구에는 료칸과 민박 시설이 있으며, 계곡 내에도 산장이 있다.

- **소요 시간** : 7시간
- **거리** : 왕복 22km
- **난이도** : ★☆☆☆
- **시작 지점** : 산단쿄 구치(三段峡口)
- **종료 지점** : 산단쿄 구치

2 찾아가는 법

히로시마 역에서 JR 시베센(司部線)으로 산단쿄까지 2시간 남짓 걸린다. 히로시마 버스센터에서 버스를 타면 2시간 15분 정도가 소요된다.

3 트레킹 시즌

어느 계절에나 걸을 수 있지만 가장 아름다운 시기는 가을. 물론 이때가 가장 붐빈다.

4 여행 Tip

히로시마에 머문다면 산단쿄를 여행한 후 미야지마(宮島)에도 다녀올 것을 추천한다. '일본 3경'으로 꼽히는 미야지마는 바다 위에 뜬 거대한 도리이와 이쓰쿠시마진자(厳島神社)로 유명하다. 원시림 미센(弥山) 정상에 오르면 세토나이가이(瀬戸内海)의 웅대한 경관이 눈앞에 펼쳐진다.

5 실용 정보

🏨 호텔 도미인 히로시마(ホテルドーミーイン広島): 천연 온천이 딸린 비즈니스 호텔. 7500엔대(아침 뷔페 1100엔) / www.hotespa.net에서 인터넷 예약 시 5500엔 / Tel 082-240-1177

교토 다이몬지야마(京都 大文字山)

1 걷기 코스

단시간에 교토의 다양한 풍경을 즐길 수 있는 트레킹 코스. 절과 산길을 걸으며 교토 시내를 조망할 수 있다. 트레일이 잘 닦여 있고, 이정표도 잘 갖추어져 있다. 긴카쿠지 옆에서 시작한 산행은 불축제를 위해 나무를 태우는 단을 거쳐 다이몬지 산 정상까지 이어진 후 난젠지로 내려온다. 난젠지를 둘러본 후 근처의 '철학의 길'로 건너가 산책을 즐겨도 좋다.

- 소요 시간 : 4시간
- 거리 : 7km
- 난이도 : ★★☆☆
- 시작 지점 : 긴카쿠지(銀閣寺)
- 종료 지점 : 난젠지(南禅寺)

2 찾아가는 법

교토 역에서 긴카쿠지행 버스 5, 17, 100번 버스를 타고 긴카쿠지 앞 하차. 수로 다리를 건너서 절 입구까지 간 후 왼쪽 도리이 근처에서 산행을 시작한다.

3 여행하기 좋은 때
1년 내내 어느 철에나 걸을 수 있다.

4 여행 Tip
다이몬지 산은 매년 오봉 다음날인 8월 16일에 개최되는 불축제 '다이몬지 고잔 오쿠리비(大文字五山送り火)'로 유명하다. 산에 나무를 '큰 대(大) 자' 모양으로 쌓아놓고 태우는 축제로 조상의 영혼을 전송하는 데서 유래됐다. 긴카쿠지에서 이 산의 '대' 자가 선명히 보인다.

교토 아타고 산(愛宕山)

1 하이킹 코스

산정에는 시원한 전망이 펼쳐지고 세계문화유산에 등재된 절들이 함께한다. 바쇼를 비롯한 많은 하이쿠 시인에게 영감을 준 기요타키(清滝) 강이 흘러간다. 산행 초입의 기요타키 마을, 산행이 끝나는 곳의 다카오(高尾) 마을 모두 강을 끼고 있다. 다카오 주변으로는 진고지(神護寺), 사이묘지(西明寺), 고잔지(高山寺) 등의 절이 있으니 산행 후 둘러보자.

- 소요 시간 : 5시간
- 거리 : 15km
- 난이도 : ★★☆☆
- 시작 지점 : 기요타키
- 종료 지점 : 다카오

2 찾아가는 법

교토 역에서 72번 버스(55분 소요)나 게이한-산조(京阪-三条) 역에서 62번 버스를 타고 기요타키에서 내린다.

3 여행하기 좋은 때

1년 내내 걸을 수 있다. 다카오는 단풍이 곱기로 일본에서도 유명한 곳이라 가을철에는 인파가 몰린다.

4 여행 Tip

아타고 신사는 불의 신에게 바쳐진 곳으로, 교토 사람들은 매해 화재 예방용 부적을 구입하러 온다.

교토 아라시야마(嵐山)~사가노(嵯峨野)

1 걷기 코스

번잡한 교토 시내에서 벗어나 산책하듯 소요할 수 있는 코스. 아라시야마의 상징 도게쓰교(渡月橋)를 건너 대숲 사이 오솔길을 지나 사가노로 가는 걷기 편하고 예쁜 길이다. 미니스커트에 하이힐 차림으로도 걸을 수 있을 만큼 쉽다. 아라시야마는 예부터 교토의 귀족들이나 문인들이 은둔했을 만큼 고즈넉한 마을이다. 한큐(阪急) 아라시야마 역을 나와 나카노시마(中之島) 공원을 거쳐 도게쓰교를 건넌다[게이후쿠 아라시야마(京福嵐山) 역에 내리면 바로 덴류지(天竜寺) 근처로 나오게 된다]. 덴류지와 소겐치(曹源池) 정원을 둘러본 후 노노미야진자(野宮神社), 지쿠린 대숲(竹森), 가메야마코엔(亀山公園), 오코치산소(大河內山莊), 조잣코지(常寂光寺), 라쿠시샤(落柿舍), 니손인(二尊院), 다키구치데라(滝口寺), 기오지, 아다시노넨부쓰지(化野念仏寺), 아타고 도리이를 차례대로 돌아본다. 아타고 도리이 바로 옆 찻집 히라노야에서 말차 한 잔을 마시며 숨을 고른다. 돌아올 때는 아타고 도리이에서 300미터 남짓 떨어진 도리모토 버스 정거장에서 버스를 타거나 다시 온 길을 되짚어 전철로 귀가해도 된다.

- **소요 시간**: 4시간 이상
- **거리**: 4km
- **난이도**: ★☆☆☆
- **시작 지점**: 한큐(阪急) 아라시야마 역
- **종료 지점**: 도리모토 버스 정거장 (버스 번호 62, 72)

2 찾아가는 법

🚌 교토 역에서 JR 산인혼(山陰本) 선을 타고 사가 아라시야마(嵯峨嵐山) 역 하차(15~20분) / 한큐 아라시야마 역 / 게이후쿠 아라시야마 역 / 도롯코 아라시야마(トロッコ嵐山) 역 하차도 가능.

🚌 교토 역 가라스마구치(烏丸口)에서 28번 버스를 타고 아라시야마 덴류지마에(天竜寺前) 정거장 하차(45분) / 버스 71, 72, 73번을 타고 아라시야마 하차(40분).

3 여행하기 좋은 때

1년 내내 걸을 수 있는 길이다. 벚꽃 핀 아라시야마 강변길도 좋고, 겨울의 고즈넉한 분위기도 좋다.

4 여행 Tip

아라시야마에서는 일정을 넉넉히 잡아 느긋하게 하루 정도를 온전히 보내자. 배로 호즈가와(保津川) 강을 유람할 수도 있고, 사가노 도롯코 열차를 탈 수도 있다. 원숭이 공원 구경도 해볼 만하다. 게이후쿠 아라시야마 역에서는 족탕에 발을 담그고 쉴 수도 있다.

5 실용 정보

🍴 아라시야마에서 꼭 먹어볼 음식으로는 고토키키차야의 사쿠라모치, 아라시야마 도후 아오이의 유도후 요리 등이다. 와라비모치도 강추. 얼음에 담긴 찰떡을 달달한 소스와 콩가루에 찍어 먹는, 맛있는 여름 간식.

유도후 전문점 토리요네(とりよね): 마쓰오다이샤 근처. Tel 075-872-7711 / www.toriyone.com

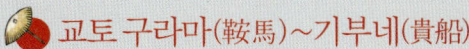 교토 구라마(鞍馬)~기부네(貴船)

1 걷기 코스

교토 북부에 자리 잡은 산간 지역으로 교토에서 반나절에 다녀올 수 있는 코스. 교토에서 30분 남짓 걸리는 가까운 곳인데도 깊은 산골에 온 듯 고즈넉한 여유를 즐길 수 있다. 오전에 이 구간을 걷고 오후에 근처 오하라로 건너가는 것도 가능하다. 구라마 역을 나와 구라마데라(鞍馬寺)의 인왕문을 지나 유키진자(由岐神社), 금당, 오쿠노인마오덴(奧の院魔王殿)을 거쳐 기부네진자(貴船神社)로 내려온다.

- 소요 시간 : 2~3시간
- 거리 : 4.5km
- 난이도 : ★★☆☆
- 시작 지점 : 에이잔 전철(叡山電車) 구라마 역
- 종료 지점 : 에이잔 전철 기부네구치(貴船口) 역

2 찾아가는 법

교토의 데마치야나기(出町柳) 역에서 에이잔 구라마 선을 타고 종착역 구라마 역에 내리자

(30분 소요). 돌아올 때는 기부네구치 역에서 교토의 데마치야나기 역까지 간다(30분 소요).

3 여행하기 좋은 때
1년 내내 가능.

4 여행 Tip
여름철에 이 길을 걷는다면 구라마에서 시작해 기부네 강변까지 가는 것이 좋다. 기부네의 계곡에 발을 담그고 가와도코 요리를 즐길 수 있다(5~9월 말). 단, 음식값이 몹시 비싸다. 겨울이라면 반대로 걸어 구라마 온천(구라마 역에서 도보 15분/무료 셔틀 버스도 운행) 노천탕에서 피로를 푼다.

교토 남부 히가시야마(東山) 지역

1 산주산겐도(三十三間堂)~기온(祇園) 코스

교토를 대표하는 명소들이 대거 포함된 남부 히가시야마 지역의 산책 코스. 산주산겐도에서 시작해 교토 국립박물관, 임진왜란 때 잘라온 조선인들의 귀 무덤인 미미즈카(耳塚), 도요토미 히데요시에게 바쳐진 신사인 도요쿠니진자(豊國神社), 도예가 가와이 간지로 기념관을 거쳐 고조자카(五坂), 도자기 가게들이 늘어선 차완자카(茶わん坂), 더 이상 말이 필요없는 기요미즈데라, 어여쁜 돌담길 이시베이코지(石塀小路), 고다이지(高台寺), 드넓은 녹지 마루야마 공원, 야사카진자(八坂神社), 지온인(知恩院), 쇼렌인(靑蓮院), 기온으로 이어지는 길이다.

- 소요 시간 : 4시간 이상
- 난이도 : ★☆☆☆
- 시작 지점 : 하쿠부쓰칸산주산겐도마에(博物館三十三間堂前) 정거장
- 종료 지점 : 기온

2 찾아가는 법

교토 역 가라스마구치에서 버스 100, 206, 208번을 타고 하쿠부쓰칸산주산겐도마에 하차(10분 소요). 교토 역에서 산주산게도까지 걷는다면 30분 남짓 소요.

3 여행하기 좋은 때

1년 내내 가능하다. 단 기요미즈데라 부근은 교토를 대표하는 관광지여서 1년 내내 붐빈다.

4 여행 Tip

교토의 대표적인 관광 명소들이 다수 포함된 지역이므로 시간을 넉넉하게 잡자.

5 실용 정보

🏨 울창한 공원 안에서 조용히 쉬고 싶다면 마루야마 공원 안의 요시미즈(吉水) 료칸을 추천한다. 머물지 않더라도 료칸의 조용한 카페에서 잠시 숨을 돌려도 좋다. 조식 포함 1박 8800엔부터 / Tel 075-551-3995 / reserv.kyoto@yoshimizu.com

☕ 온돌 카페 소무시(素夢子): 교토 시내 산조 근처의 온돌 카페. Tel 075-253-1456 / www.somushi.com

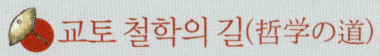
교토 철학의 길(哲学の道)

교토 동북쪽 히가시야마 지역의 소박하면서도 아름다운 산책로 '철학의 길(데쓰가쿠노미치)'. 약 2킬로미터의 비와코(琵琶湖) 수로를 따라 이어진다. 골목 곳곳에 자리잡은 작은 절과 신사, 아기자기한 기념품 가게와 카페들은 특히 여성들을 매혹한다.

1 걷기 코스

웨스틴 미야코 호텔(Westin Miyako Hotel) 앞의 언덕길 중 보행자를 위한 터널을 빠져나온 후 왼편 150미터 지점에 있는 곤치인(金地院)의 작은 정원을 둘러보는 것으로 산책을 시작하자. 난젠지의 오쿠노인, 고토쿠안을 둘러본 후 에이칸도(永観堂)를 지나 철학의 길로 들어선다. 호넨인(法然院), 긴카쿠지를 둘러보고 긴카쿠지미치(銀閣寺道)를 따라 걸어 나오면 된다.

- 소요 시간 : 4시간
- 거리 : 약 6km
- 소요 시간 : ★☆☆☆
- 시작 지점 : 지하철 도자이 선(東西線) 게아게(蹴上) 역
- 종료 지점 : 긴카쿠지(銀閣寺) 버스 정거장

2 찾아가는 법
지하철 도자이 선을 타고 게아게 역에 내린다.

3 여행하기 좋은 때
1년 내내 걸을 수 있지만 철학의 길이 가장 아름다운 시기는 봄의 벚꽃철. 난젠지와 에이칸도는 가을의 단풍.

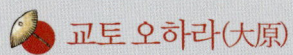 교토 오하라(大原)

1 걷기 코스

고요한 마을길을 걸어 사찰의 정원을 순례하는 길. 교토 북부의 시골 마을인 오하라는 예부터 귀족과 스님들의 은거지였다. 벚꽃이 산골 마을을 희끗희끗 물들이는 봄철과 붉은 단풍이 화려한 가을의 고즈넉한 아름다움이 빼어나다. 교토의 번잡함에서 벗어나 나들이하기 좋다. 오하라는 버스 정거장 동쪽에 있는 산젠인(三千院) 지역과 서쪽의 잣코인(寂光院) 지역으로 나뉜다. 어느 쪽을 먼저 걸어도 관계없지만 산젠인 쪽 길이 조금 더 가파르므로 그쪽부터 걷는 편이 쉽다. 산젠인에서 시작해 짓코인(実光院), 쇼린인(勝林院), 호센인(宝泉院)을 거쳐 버스 정거장 쪽으로 돌아와 잣코인을 둘러보자.

- 소요 시간 : 4시간
- 난이도 : ★☆☆☆
- 시작 지점 : 오하라 버스 정거장
- 종료 지점 : 오하라 버스 정거장

2 찾아가는 법

교토 역 앞에서 출발하는 17, 18번 버스를 타고 종점 오하라에 내린다.

3 여행하기 좋은 때

1년 내내 여행하기 좋으나 가을철이 가장 아름답다고 꼽힌다.

4 여행 Tip

잣코인에서 내려오는 길목에 있는 직접 만든 드레싱 가게 강추. 그중에서도 버섯 드레싱. 산젠인 바로 앞 식당 세료의 미치쿠사 도시락 세트 추천 오하라의 산나물 요리를 즐길 수 있다.

5 실용 정보

시간이 있다면 오하라의 온천여관에 하룻밤 머물며 푹 쉬자. 잣코인 쪽으로는 오하라산소(大原山莊, Tel 075-744-2227 / www.ohara-sanson.com)를 비롯해 가격이 비교적 저렴한(1박 2식 포함 9000엔대부터) 온천여관들이 몇 곳 있다.

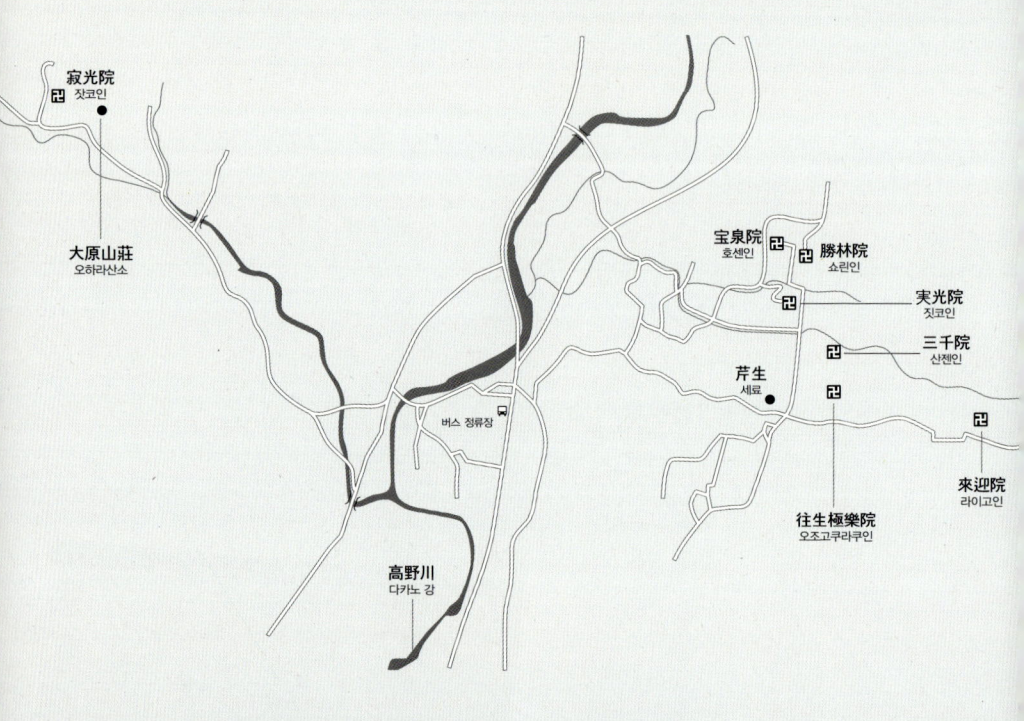

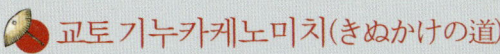
교토 기누카케노미치(きぬかけの道)

닌나지에서 료안지를 거쳐 킨카쿠지를 찾아가는 2.5킬로미터의 포장도로. 예전부터 이 길은 '흰 비단이 걸렸던 길' 이라는 뜻의 기누카케노미치라고 불러왔다. 한여름에 설경을 보고 싶어 한 우다 천황을 위해 기누가사야마(衣笠山)에 흰 명주 천을 내건 데서 유래했다. 닌나지, 료안지, 킨카쿠지, 세 곳 모두 세계문화유산으로 선정된 절이다.

1 걷기 코스

닌나지에서 시작해 료안지(도보 15분)를 거쳐 킨카쿠지(도보 30분)로 걸어도 되고, 그 반대로 걸어도 된다.

- **소요 시간**: 3시간 이상
- **거리**: 약 2.5km
- **난이도**: ★☆☆☆
- **시작 지점**: 닌나지
- **종료 지점**: 킨카쿠지

2 찾아가는 법

킨카쿠지로 먼저 간다면 교토 역 가라스마구치에서 버스 101, 205번을 타고 킨카쿠지미치에서 하차(40분 소요). 시조카와라마치(四條河原町)에서 버스 10, 59번을 타고 킨카쿠지마에나 닌나지마에(仁和寺前)에서 하차(40분 소요).

3 여행하기 좋은 때

1년 내내 걸을 수 있다. 닌나지가 가장 붐비는 시기는 봄의 벚꽃철. 킨카쿠지는 가을 단풍의 명소다.

4 여행 Tip

● 료안지의 정원 석정은 일본 정원 역사상 걸작으로 꼽힌다. 흰 모래는 바다를, 돌은 섬을 의미하는데 대양을 이미지화한 것이라고 한다. 대청마루에 앉아 명상하듯 하나하나 들여다보며 그 긴장감을 즐기자. 닌나지 근처에 있는 묘신지(妙心寺)와 호콘고인(法金剛院)도 둘러보자.

● 그 밖에 교토에서 가볼 만한 곳으로 고려미술관(高麗美術館)이 있다. Tel 075-491-1192 / www.koryomuseum.or.jp

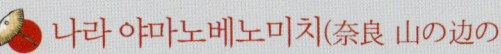
나라 야마노베노미치(奈良 山の辺の道)

1 걷기 코스

나라 남부 지역의 신사와 절, 왕들의 고분, 평화로운 시골길이 결합된 쉽고 편안한 코스. 덴리 역을 나와 광장을 가로질러 오른쪽 쇼핑 아케이드로 향한다. 입구 왼쪽 편에 있는 덴리 시 관광안내소에 들러 지도를 구하자. 덴리교 본당을 지나 패밀리마트가 있는 골목 끝에서 오른쪽으로 돌아 작은 다리를 건너면 야마노베노미치 이정표가 나오기 시작한다.

- 소요 시간 : 4시간
- 거리 : 13km
- 난이도 : ★☆☆☆
- 시작 지점 : 긴테쓰 덴리(近鉄天理) 역
- 종료 지점 : JR 미와(三輪) 역

2 찾아가는 법

간사이 지역을 여행 중이라면 찾아가기 쉽다. JR을 이용해 덴리 역으로 가는 것보다 긴테쓰 선을 이용하는 편이 빠르고 저렴하다. 교토에서 긴테쓰 덴리 역까지는 50분 소요. 오사카의 남바(難波) 역에서 출발한다면 야마토 사이다이지(大和西大寺) 역에서 갈아타야 한다(40분 소요). 트레킹을 마친 후에는 근처의 JR 미와 역에서 JR 덴리 역으로 이동하여 기차를 갈아탄다.

3 여행하기 좋은 때

1년 내내 걸을 수 있다.

4 실용 정보

🔊 초가쿠지에서 파는 소멘(국수)을 먹어보자. 양은 적으나 맛있다. 700엔.

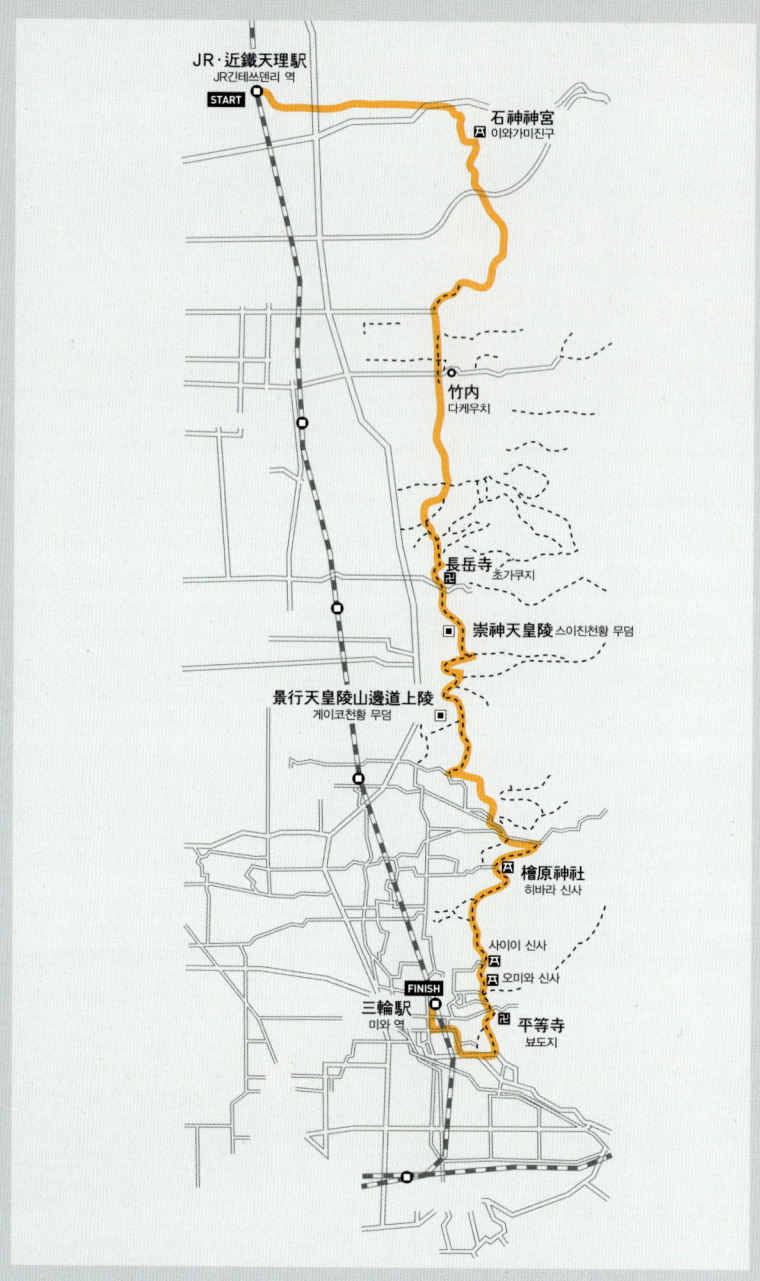

나라 공원(奈良公園)~시가나오야 옛집(志賀直哉旧居)

1 걷기 코스

일본의 옛 수도 나라의 대표적인 유적지들과 나라 공원, 신사 등을 함께 둘러보는 코스. 누구나 걸을 수 있는 쉽고 편안한 길이다. 긴테쓰 나라 역 앞의 고후쿠지(興福寺)에서 시작해 나라 국립박물관, 국가 지정 경승지인 이스이엔(依水園) 정원과 그 안의 네이라쿠 미술관(寧美術館), 도다이지(東大寺)로 들어가는 난다이몬(南大門)을 거쳐 세계 최대의 목조 건물이자 세계문화유산인 다이부쓰덴(大仏殿), 오모테산도(表參道) 길이 아름다운 니가쓰도(二月堂)와 산가쓰도(三月堂)를 둘러본다. 나무들이 무성한 가스가타이샤 신사(春日若宮), 시가나오야 주택(志賀直哉旧居), 우키미도(浮見堂)를 지나 나라 역으로 돌아온다. 역 근처의 나라 관광안내소에서 영문 지도나 한글 지도를 받아 지도를 따라 걸으면 된다(한글 지도보다 영문 지도가 보기에 더 쉽다).

- **소요 시간** : 5시간 이상
- **난이도** : ★☆☆☆
- **시작 지점** : 긴테쓰 나라(近鉄奈良) 역
- **종료 지점** : 긴테쓰 나라 역

2 찾아가는 법

긴테쓰 나라 역에 내리면 된다. JR을 탄다면 나라 역에 내려 고후쿠지까지 도보 15분 소요.

3 여행하기 좋은 때

나라는 1년 내내 여행하기 좋다.

4 여행 Tip

- 나라는 볼거리가 많기 때문에 하루를 잡아도 시간이 부족하다. 간식이나 도시락을 준비해 나라 공원에서 점심을 먹고 둘러보는 것도 괜찮다.
- 이스이엔 정원 안의 네이라쿠 미술관에는 고려 청자와 조선 백자들이 다수 전시되어 있으니 놓치지 말자. 또 이스이엔 안에는 말차를 마실 수 있는 찻집, 식사가 가능한 식당도 있다.

5 실용 정보

● 매달 두 번째 화요일에는 나라시청공민회관(나라 관광안내소 2층)에서 외국인들을 대상으로 기모노를 무료로 입혀주는 행사가 열린다(오전 10시~오후 2시 / Tel 0742-22-3900).

● 나라의 학생들이 무료로 외국인들에게 나라 지역을 도보로 안내해주는 프로그램도 있다. 예약: Tel 0742-26-4753

● 나라의 YMCA에서도 외국인에게 무료 영어 가이드를 해준다. 일주일 내내 오전 9시~오후 5시 / Tel 0742-45-5920

가마쿠라(鎌倉) 사찰 순례 및 다이부쓰(大仏) 하이킹 코스

1 걷기 코스

가마쿠라는 일본의 고도다. 100미터 남짓한 산들에 사면이 둘러싸여 방어에 유리했기 때문이라고 한다. 가마쿠라의 대표적인 사찰과 신사를 둘러보는 코스로 기타가마쿠라(北鎌倉) 역 바로 앞의 엔가쿠지(円覚寺, 가마쿠라 시대의 대표적인 선종 사원)에서 시작해 도케이지(東慶寺), 조치지(淨智寺), 엔노지(円応寺)를 거쳐 겐지야마 공원(源氏山公園)으로 들어선다. 공원 내, 돈을 씻는 신사로 유명한 제니아라이벤자이텐(銭洗弁財天)을 거쳐 가마쿠라의 상징인 대불 다이부쓰를 둘러본 후 하세데라(長谷寺, 녹나무로 만든 관음상이 유명하다)까지 걷는다.

- **소요 시간**: 5시간 이상
- **난이도**: ★☆☆☆
- **시작 지점**: JR기타가마쿠라 역
- **종료 지점**: 에노덴 하세(江ノ電 長谷) 역

2 찾아가는 법

도쿄에서 갈 예정이라면 JR 기타가마쿠라 역에 내려 절들을 둘러본 후 가마쿠라 역으로 간다.

가마쿠라 역에서 에노덴을 타고 하세 역으로 이동해 다이부쓰와 하세데라를 둘러보면 된다.

3 여행하기 좋은 때

1년 내내 가능하다.

4 여행 Tip

그 외 가마쿠라 서쪽의 겐초지(建長寺, 임제종 겐초지 파의 총본산으로 아름드리 나무들이 우거진 경내가 아름답다) 본당 옆 샛길에서 시작해 동쪽의 즈이센지(瑞泉寺)로 내려서는 2시간짜리 산행 덴엔(天圓) 하이킹 코스도 있다. 쓰루가오카하치만구(鶴岡八幡宮, 무인들의 장수와 복을 빌기 위해 세운 신사)도 놓치지 말자. 고마치도리(小町通り, 가마쿠라 역 동쪽 출구로 나와 횡단보도를 건너서 왼쪽에 나오는 골목길)의 기념품 가게 등도 둘러볼 만하다.

가마쿠라는 보통 도쿄나 요코하마에서 당일치기로 돌아보는 경우가 많은데 가마쿠라에 하룻밤 정도 머물며 천천히 둘러보기를 권한다.

5 실용 정보

🏨 **료칸 다이센카쿠**(対僊閣): 하세데라로 들어가는 골목에 위치한 전통 료칸. 메이지 말기에 지어진 건물이다. 조식 포함 7800엔(2인 이상) / Tel 0467-22-0616

6 기타 참고 사항

● **여행박사**: 일본 여행 전문 여행사. Tel 070-7017-2100 / www.tourbaksa.com
● **일본정부관광국**: 일본 정부 산하의 한국 소재 관광사무소. 다양한 일본 정보를 얻을 수 있다. Tel 02-777-8542~3 / www.welcometojapan.or.kr

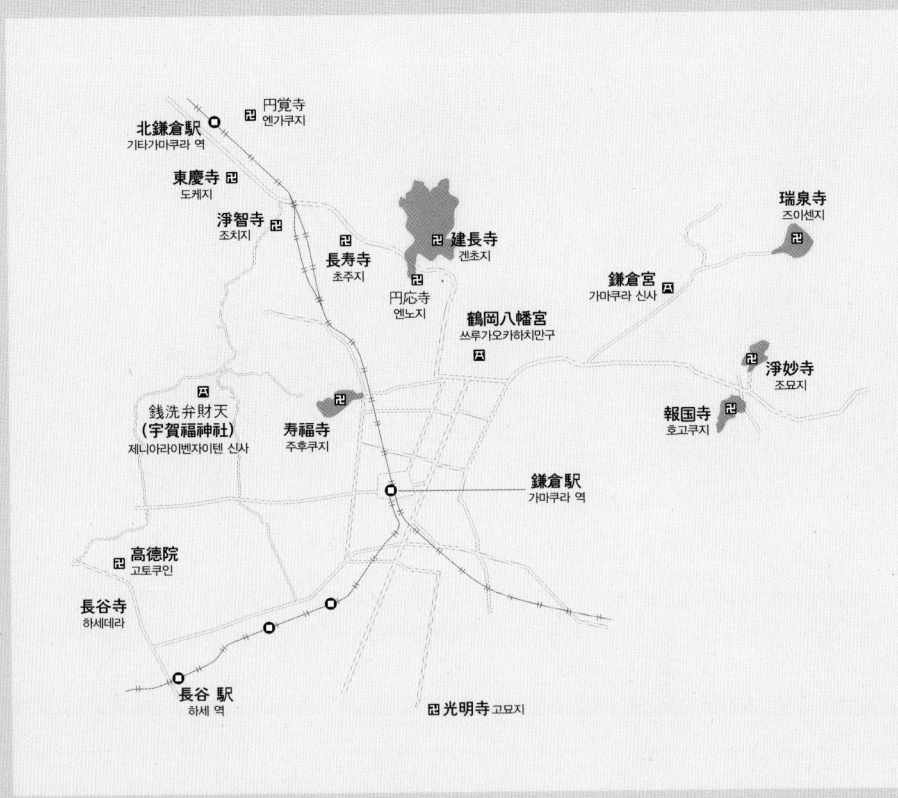

여행자를 위한 생존 일본어

인사

곤니치와 こんにちわ 안녕하세요

아리가토오 고자이마스 ありがとうございます 감사합니다

스미마셍 すみません 실례합니다, 미안합니다

고멘나사이 ごめんなさい 미안합니다

도오조 どうぞ 드세요, 먼저 ~하세요

이타다키마스 いただきます 잘 먹겠습니다

고치소오사마데시타 ごちそうさまでした 잘 먹었습니다

오네가이시마스 お願いします 부탁합니다

다이조오부데스 大丈夫です 괜찮습니다

하지메마시테 はじめまして 처음 뵙겠습니다

사요나라 さよなら 안녕히 가세요/계세요

곤방와 こんばんわ 안녕하세요(밤)

요로시쿠오네가이시마스 よろしくおねがいします 잘 부탁드립니다

오세와니나리마시타 おせわになりました 신세를 졌습니다

기본 회화

하이 はい 네

이이에 いいえ 아니요

와카리마셍 わかりません 모르겠습니다

와카리마시타 分かりました 알겠습니다

다메데스 だめです 안 됩니다

소오데스 そうです 그렇습니다

와타시와 강코쿠진데스 私は韓国人です 저는 한국인입니다

니홍고오 와카리마셍 日本語あわかりません 일본어를 모릅니다

오나카가 스키마시타 おなかが空きました 배가 고파요

아시가 이타이데스 足が痛いです 다리가 아파요
다스케테 구다사이 助けてください 도와주세요
아노, 토이레…… あの、トイレ…… 저, 화장실 좀……
~와 도코데스카 ~はどこですか ~는 어디입니까?
미치가 와카리마셍 道がわかりません 길을 모르겠습니다
이쿠라데스카 いくらですか 얼마예요?
토마레마스카 泊れますか 방 있습니까?
에이고 하나세마스카 英語話せますか 영어를 할 줄 아세요?
고레와 난데스카 これはなんですか 이것은 무엇입니까?
토이레와 도코데스카 トイレはどこですか 화장실은 어디입니까?
도노구라이 가카리마스카 どのくらいかかりますか 얼마나 걸립니까?
도우 이케바 이이데스카 どういけばいいですか 어떻게 가면 됩니까?
오칸죠 오네가이시마스 お勘定おねがいします 계산서 부탁합니다.
미치니 마욧탄데스 道にまよったんです 길을 잃었어요
고레 구다사이 これください 이거 주세요
~니 이키타이데스 ~にいきたいです ~에 가고 싶어요
고코니 카잇테구다사이 ここに書いてください 여기에 써주세요
와타시노 나마에와 ~데스 私の名まえは~です 제 이름은 ~입니다
~마데 오네가이시마스 ~までお願いします ~까지 가주세요
고코데 토메테구다사이 ここでとめてください 여기에 세워주세요
잇파쿠 이쿠라데스카 1泊いくらですか 1박에 얼마입니까?
스코시 야스쿠시테구다사이 少し安くして下さい 좀 깎아주세요
야메테구다사이 やめてください 그만둬주세요
도로보오 ドロボウ 도둑이야!

기본 단어

긴코 銀行 은행
가와 川 강
우미 海 바다
야마 山 산
하시 橋 다리
유빈쿄쿠 郵便局 우체국
코방 交番 파출소
약쿄쿠 藥局 약국
뵤인 病院 병원
스-파- スーパー 슈퍼마켓
콘비니 コンビに 편의점
쇼쿠도 食堂 식당
뎅와 電話 전화
미즈 水 물
오유 お湯 뜨거운 물
벤토 弁当 도시락
나마에 名前 이름
요야쿠 予約 예약
주쇼 住所 주소
겐킨 現金 현금
렛샤 列車 열차
바스 バス 버스
바스노리바 バスのり場 버스 정거장
오카네 お金 돈
치카테츠 ちかてつ 지하철
쿠우코오 空港 공항

산소 山荘 산장
고야 小屋 산장
도잔구치 登山口 등산로 입구
히코오키 飛行機 비행기
에키 駅 역
하쿠부츠칸 博物館 박물관
에이교지칸 營業時間 영업시간
야스미 休み 휴식
료코안나이죠 旅行案内所 여행안내소
사이후 財布 지갑
료우가에쇼 換替所 환전소
케이사츠 警察 경찰
미기 右 오른쪽
히다리 左 왼쪽
맛스구 まっすぐ 직진
히가시 東 동쪽
니시 西 서쪽
미나미 南 남쪽
기타 北 북쪽
치카쿠 近く 근처
소바 そば 옆
토오이 遠い 멀다
치카이 近い 가깝다
이치 いち 1
니 に 2
산 さん 3

욘/시 よん/し 4
고 ご 5
로쿠 ろく 6
나나/시치 なな/しち 7
하치 はち 8
큐우 きゅう 9
쥬우 じゅう 10
햐쿠 ひゃく 100
센 せん 1000
만 まん 10000
게츠요비 月曜日 월요일
카요비 火曜日 화요일
스이요비 水曜日 수요일
모쿠요비 木曜日 목요일
킨요비 金曜日 금요일
도요비 土曜日 토요일
니치요비 日曜日 일요일
가츠/게츠 月 월
히/니치 日 일
헤이지츠 平日 평일
슈마츠 週末 주말
쿄우 今日 오늘
아시타 明日 내일
키노우 昨日 어제
아사 朝 아침
요루 夜 밤

고젠 午前 오전
고고 午後 오후
오오키이 おおきい 크다
치이사이 ちいさい 작다
오오이 多い 많다
스쿠나이 少ない 적다
이이 いい 좋다
와루이 悪い 나쁘다
타카이 高い 비싸다
야스이 安い 싸다
아츠이 あつい 덥다
사무이 寒い 춥다
기레이 きれい 깨끗하다, 예쁘다
카우 買う 사다
타베루 食べる 먹다
노무 飲む 마시다
아루쿠 歩く 걷다
네무 ねむ 자다
노루 乗る 타다
아루 ある 있다
나이 ない 없다